대한민국
멸망
보고서

대한민국 멸망 보고서

노현우 지음

헬조선을 넘은 탈조선의 시대

상상하기 두려울 정도로 미래에 관한 부정적인 뉴스가
대한민국을 뒤덮고 있고, 염세, 냉소, 허무가
청년세대들을 지배하는 지경에 이르렀다.

바른북스

신기루

요즘에는 뉴스를 보기가 겁이 난다. 많은 분들이 공감하시리라 생각된다. 새로운 통계가 나오면 늘 저번보다 안 좋아졌다고 한다. 새로운 소식이라고는 이전의 안 좋은 소식을 덮을 만큼 더 안 좋은 소식들뿐이다. 경제가 어렵다는 이야기는 식상하다. 갈등이 만연하다는 얘기도 진부하다. 사회가 날이 갈수록 어려워진다는 소식들도 이제는 지겹기만 하다. 대한민국이 더 이상 마약으로부터 안전하지 않다는 소식도 이미 많이 들었고, 심지어는 대한민국이란 나라가 대낮에 칼부림을 걱정해야 한다는 얘기마저 들린다.

한강의 기적으로 대표되는 경제적 성취? 위기가 생기면 똘똘 뭉쳐 강해진다는 국민성? 치안강국? 이 모든 긍정적인 얘기들은 전부 현재의 대한민국보다는 과거의 대한민국에 관한 얘기가 되어가고 있다. 이전까지는 잘해왔을 수도 있다. 부정할 생각도 없다. 부정해서도 안 된다. 조선 말기, 전 세계에서 가장 못 사는 축에 속하던 곳이 이 조그마한 한반도 남부지역이었다. 최근에는 꽤나 번영한 모양새이니 이를 부정하면 큰 죄를 짓는 느낌마저도 들 것 같다. 우리가 적어도 그때부터 최근까지는 꽤나 잘해왔고, 앞서 얘기한 긍정적인 표현들이 얼마 전까지만 하더라도 진실이었다고 얘기할 수 있겠다.

문제는 지금과 미래다. 특히 최근에 사회에 진입하는 세대, 혹은 이제 태어나는 세대들이 맞이하고 있는 현재의 현실이 문제고, 예상되는 미래가 문제다. 특히, 이 미래라는 것이 문제다. 상상하기 두려울 정도로 미래에 관한 부정적인 뉴스가 대한민국을 뒤덮고 있고, 염세, 냉소, 허무가 청년세대들을 지배하는 지경에 이르렀다. 그렇기에, 현재를 살아가는 청년들에게 과거의 영광은 그다지 와닿지 않는다. 조금 더 솔직하게 얘기하자면, 나를 비롯한 한국의 많은 젊은 세대들은 앞서 얘기한 한국이 성취해 낸 긍정적인 면모를 제대로 느껴본 기억도 거의 없다고 봐야 한다.

소위 'MZ'라고 일컬어지는 세대의 청년들은 IMF 이후, 혹은 그 즈음에 태어나거나 어린 시절을 보냈다. 다들 어려웠던 가정사 하나씩은 갖고 있다. 이후에 경기가 급격하게 좋아졌나? 그렇지도 않다. 좀 더 긴 세월을 살아오신 분들은 몰라도 청년들은 위기를 이겨냈다는 자각도 부족하다. 아니, 언제나 위기가 있었고, 위기가 없던 시절이 오히려 없었다고 느끼는 경우가 부지기수다. 사건 하나가 조금 수그러드나 싶으면, 방심하지 말라는 듯이 또 거대한 위기가 찾아오는 듯한 뉴스가 연속된다. 언제쯤 세상이 괜찮아질지 모르겠다. 어린 시절부터 주입받은 세상이 망한다는 지구온난화라든가 기후변화 등의 종말론적 얘기는 제외하고 하는 말이다.

그래도 우리는(적어도 나는) 삶을, 나라를 포기하지 않았다(적어도 포기하지 않은 것처럼 보였다). 10대와 20대의 자살률이 비정상적으로 높다는 뉴스가 나오기는 하지만, 대다수는 삶과 나라를 포기하지 않고 살아가고 있다.

희망이라고 얘기하기는 어렵겠지만, 이 땅을 살아가고 있는 청년들은 지치고 힘든 스스로를 위로할 개념들을 찾아 나서고 발굴해 냈다. 유명 스포츠 선수가 해외에서 잘나가는 소식, 유명 가수가 해외의 어떤 음악차트에 올라갔다는 소식, 대한민국이 선진국으로 인정받았다는 소식, 대한민국이 어느 나라에서 칭찬받는다는 소식, 대한민국이 어느 나라를 이겨냈다는 얘기 등, 우리는 늘 스스로를 위로할 수 있는 이야깃거리를 찾아냈다.

헌데, 나의 경우에는 그런 소식들을 보면 볼수록, 시간이 지나갈수록 점점 더 허무해지기 시작했고, 우리를 위로해 주던 소식들을 만끽하고 나면 이후에 몰려오는 허무감이 점점 더 커졌다. 나만 느끼는 감정이 아니리라 생각된다. 마치 신기루를 좇아가는 것 같은 느낌이 이럴 것 같다는 생각도 했었다. 분명 좋은 소식들을 찾아 나서는데, 볼수록 지치고 힘이 든다. 무언가 진정 중요한 것을 놓치고 있다는 듯한 느낌도 들었다. 마음 한켠이 허전하고 권태감과 허무감이 커진다. 적지 않은 청년들도 나처럼 분명 이런 감정들을 느꼈을 것이라 짐작된다.

그러던 어느 날, 문득 화가 났다. 아마도 기억하기로는 생각보다 토익시험 점수가 잘 안 나온 날이었다. 여느 때와 마찬가지로 스스로를 위로하기 위해 신기루를 좇아 나섰다. '대한민국 주요 10대 선진국 진입!', '아이돌 ××× 빌보드 진입!', '×××선수 유럽 축구 명가클럽과 거액계약 성사!', 'K-정책! 전 세계의 모범이 되다!'… 신기루들은 보통 이런 달콤한 제목들과 유사한 제목 혹은 내용을 담고 있었다. 하나같이 내 삶과는 직접적인 연관이 없었다.

그런데 묘하게 볼 때만큼은 기분이 좋은 그런 소식들이었다. 마치 내가 그 성공한 사람이 된 것 같고, 내가 이 성공한 나라의 일원이 된 것 같았으며, 그 충만함과 만족감은 성인이 되고 나서 접한 술이나 담배 따위와는 비교도 안 되었다. 술과 담배보다도 더 많이 넘쳐나는 도파민에 비해 부작용이라고는 이후에 밀려오는 공허감과 허탈함이 고작이었다. 그런데 그날만큼은 공허감이나 허탈함보다는 화가 났다.

왜 화가 났을까? 아마도 처음에는 그냥 시험을 못 봐서 화풀이 대상이 필요했던 것 같다. 하지만 덕분에 조금은 더 깊게 생각해 보게 됐다. 이 신기루를 내가 좇는 이유, 내 또래들이 좇는 이유, 대한민국이란 나라가 좇는 이유를 말이다. 생각을 할수록 점점 더 화가 났다. 내가 사실은 이미 삶과 대한민국을 포기한 것과 마찬가지인 행동들을 하고 있다는 생각이 들었기 때문이다. '나는 사실 진정한 문제가 마주하기 두렵고 겁이 났을 뿐이다.'라든가 '이 나라에 직면해 오고 있는 거대한 문제들을 내 두 눈으로 직시할 자신이 없었다.'라는 생각에까지 이르게 되었다.

그렇기에 직시해 보기로 결정했다. 대한민국의 문제점들을, 하나둘 제대로 직시해 보기로 했다. 직시해 보니, 얇은 내 경제학 지식을 바탕으로 바라본 대한민국의 현재와 예상되는 미래는 문자 그대로 참담했다. 내가 이런 나라에 살아가고 있다는 사실이 믿기지 않을 정도였다. 얼핏 뉴스로부터 안 좋은 소식을 듣는 것과 내가 찾아나서서 대한민국의 부정적인 면들을 알아보는 것은 차원이 달랐다. 아무리 생각해도 대한민국이란 나라의 미래가 어두워 보였다. 아니, 어두운 정도가 아니라, '대한민국이라는 국가가 내가 살아 있을 동안만이라도 존속할 수만 있다면 다행'이라는 생각이 들 정도였다.

그러자, 나는 거기서 '한 발자국만 더 나아가 볼까?'하는 생각이 들었다. 내가 비록 나이도 어린 편에 속하고, 좋은 배경이 있는 것도 아니지만, 이 사실들을 나만 알고 있을 수는 없었다.

배경이나 나이가 무슨 상관인가 싶기도 하다. 문제가 있으니 문제를 얘기하는데, 얘기하는 사람인 내가 모자라서 부끄럽다는 생각보다는 현재 내 눈에 보이는 문제와 이를 전달하는 것에나 집중하는 것이 올바르다는 생각으로 용기를 내 책을 집필했다.

이 책에서 소개되는 내용들은 분명 어떤 사람들이 알고 있는 사실들도 있을 것이다. 또 일부는, 내가 주제넘게 얘기하는 주제들도 있을 수 있다. 하지만 나는 최대한 객관적인 사실만을 바탕으로 내 의문과 내가 생각하는 문제점들을 위주로 서술하고자 노력했다. 내 서술에 대한 반론은 있을 수 있다. 반론은 언제나 환영한다. 솔직히 말씀드리자면, 제발 내가 틀렸으면 좋겠다는 생각도 하고 있다.

처음에 이 책을 쓴다고 주변에 얘기하니, 냉소적인 소수의 주변 사람들은 왜 그런 쓸데없는 짓을 하냐고 되묻기도 했다. 그게 무슨 도움이 되겠냐는 얘기도 많이 들었고, 아무런 배경도 없는 청년이 글을 써봤자 누가 봐주겠냐는 비아냥도 들었다.

하지만, 아무리 냉소와 비난을 받는다고 하더라도 나 자신만큼은 냉소에 지고 싶지도, 문제를 외면하고 싶지도 않았다. 나만큼은 마치 추두부 속 미꾸라지처럼 되고 싶지 않았다는 얘기이기도 하다. 또, 내가 아끼는 사람들이 살아가는 이 대한민국이 배에 비유하자면 침몰 위기인데, 구멍이 뚫렸다는 사실들을 알릴 때, 돌아올 냉소와 비난이 두려워 가만히 있을 정도로 내 도덕과 양심이 무너진 상태가 아니기도 하다.

그렇다고 주제넘게 문제들을 해결하겠다고 나설 생각은 없다. 오히려 문제를 해결할 방안을 제시하는 것은 내가 생각하는 대한민국의 심각한 문제들을 독자분들에게 인식시키는 일에 방해가 될 수도 있다고 생각하기도 한다. 또, 당연하게도 정치적인 중립도 최대한 지킬 것이다. 해결방안에 대한 얘기를 안 넣으니 자연스레 정치적 편향성 문제와도 멀어져서 많은 분들이 비교적 부담 없고 편안하고 온전하게 대한민국의 문제점들만을 느끼실 수 있지 않을까 싶다.

그럼에도 혹여 읽다가 불쾌하시거나 불편한 구절이 나오신다면, 전혀 그럴 의도는 없었음을 꼭 얘기해 드리고 싶다. '제목부터가 공격적이고 불쾌하다.'라고 얘기하시는 분들이 있으리라 생각되는데, 제목의 공격성에 대해서는 늦었지만 사과드린다.

하지만, 많은 사람들에게 읽히기 위해서는 불가피한 선택이었다. 아무리 좋은 내용을 담고 있더라도 상품이 겉으로 보기에 싱겁다고 판단되면 관심조차 주지 않는 게 세상의 이치이니 이 책의 전체 부분에 있어 제목과 목차 정도에만 내 주관을 최대한 강하게 실어 적어봤다. 내가 실제로 내린 결론이 '이 상태로 문제점을 방치하면, 실제로 대한민국이 머지않아 멸망한다는 것'이었기 때문이기도 하다.

또, 대학에서 경제학을 전공했다 보니, 비교적 경제적인 문제에 치중한 점도 미리 말씀드린다. 다른 분야에 대해서는 문제가 없는 게 아니지만, 내가 문제점을 인식하는 것조차 조금 주제넘다고 생각되기도 했고, 벅차기도 했다. 하지만, 정말 문제가 되고 큰일이라고 생각되는 것들은 일부 담았다.

당부의 말씀도 다 드렸고 책을 쓰게 된 배경도 얘기를 드렸으니, 이제 마음 놓고 즐기기만은 어려운 이 책을 모순적이지만 최대한 즐겨주시기를 부탁드리겠다. 혹시 모른다. 왜 일부 청년들이 결혼, 출산, 연애, 심지어는 사회활동 전반까지 다 포기하는 현상이 벌어지는지에 대한 실마리를 찾을지…

또, 내가 담은 문제점들에 대한 해결방안들이 독자분들에 의해서 나올지도 모르는 일이다. 일말의 희망을 품어본다면 말이다.

대한민국을 뒤덮고 있는 신기루들이 걷히고 진실만이 직시되길 바라며.

2024년 2월 13일

목차 ───

2장 문제의 나라

3장 환장의 나라

1장

환상의 나라

1 잘해왔다는 착각

» 청년들의 엄살

이 책을 쓰고 있는 시점은 2024년이다. 좋지 못한 뉴스들이 연이어 터져 나오다 보니 책을 쓰면서도 계속해서 정보를 바꿔 쓰고, 다시 쓰게 되어 출판이 늦어지기도 했다. 통계가 새로 나올수록 대한민국의 현재와 미래에 대한 전망은 어두워지고 있고, 새롭게 나오는 뉴스들은 내 책에 추가해야 할 주제들을 계속해서 던져주고 있다.

누군가는 말한다. 그래도 청년세대들은 부유한 대한민국에서 태어났으니 다행이라고 말이다. 조금은 더 감사한 줄 알고 살아가야 한다고, 아프리카 혹은 북한에서 태어났으면 얼마나 불행했겠느냐고 말이다.

부정할 생각은 없다. 일반적으로 가구의 소득이라든가, 가계가 쌓아놓은 자산이 한국보다 적은 나라에서 태어났으면 지금 한국의 청년들이 누리고 있는 많은 문명의 수혜들은 아마 구경조차 못 해보는 호사였을 가능성이 크다.

하지만, 중요한 사실이 간과되어 있다. 경제학의 아버지라고 불리는 애덤 스미스도 지적한 바 있다. 부유한 국가는 황금을 쌓아둔 나라가 아니라 성장을 하는, 활기찬 나라라는 사실 말이다.

조금만 생각해 보면 그 근거를 이해할 수 있다. 성장하고 활기찬 경제를 가져야 당연히 사회에 새로이 진입한 사회초년생(혹은 청년)들이 기회를 잡고 발전하고 부유해질 것이고, 그렇게 희망을 품고 더 긍정적이고 낙관적인 인생관을 바탕으로 삶을 설계할 수 있겠다.

조금은 단순하고 단편적인 면이 있는 이야기지만 어쨌든, 내가 얘기하고자 하는 바는 다음과 같다.

'한국의 청년들에게서 최근 희망과 낙관을 찾아보기 어려운 현실을 생각해 보았을 때, 우리 사회가 청년들이 희망을 품고 인생을 살아갈 수 있는 사회인지에 대한 고민을 모두가 진지하게 해보아야 하는 것이 아닐까?'

최근에 주변 또래들과 '물질적 성공'에 관해 이야기하면 한국에서는 더 이상 합법적인 방법으로 이를 이룰 수가 없다는 답변들이 나오곤 한다. 실제 돈을 잘 벌었다고 뽐내고 다니는 비슷한 연령대의 청년들이라고는 불법 스포츠 도박 사이트를 운영하거나, 불법 성매매 산업에 종사한다거나, 불법과 편법 사이의 줄타기를 하며 금융에 대한 얕은 지식으로 사실상 사기에 가까운 일을 한다는 자조 섞인 목소리마저 나온다.

아, 깜빡하고 넘어갈 뻔한 합법적인 방법이 하나 있긴 하다. '외국(특히 미국)에서 태어나기'. 한국의 사회경제적 상류층들이 자제들을 전부 미국에 보내는 나라에서 이런 웃어넘길 수 없는 얘기가 안 나오는 것이 이상하겠다.

이렇게 청년들이 '현실'에서 하는 얘기들을 그대로 전해드리면 청년세대의 선배세대들은 종종 불편함을 느끼신다. 또 반박도 많이 하신다. 각종 사회적인 지표에 대해서는 공감을 하시고 사회적인 문제점을 인식하시는 분들마저 한국이 경제성장만큼은 잘해온 나라라며 한국의 성취에 대해 일장연설을 하는 경우를 청년세대들은 많이 봐왔다. 산업화 세대, 민주화 세대, 한국을 선진국에 올려놓은 세대라고 스스로를 자랑하시는 분들도 꽤나 흔하다.

물론 한국은 성장을 잘해온 나라가 맞다. 어디까지나 시계열을 과거로 조금 더 돌리면 말이다. 청년들이 그런 얘기를 들을 때 속으로 하는 생각 중 일부를 말씀드리자면, '문제는 그 잘해왔다는 얘기가 어디까지나 과거의 얘기 아니냐.'라는 것이다.

지금도 한국이 '잘해가고 있는 나라'라고 생각하시는 분들이 많으리라 생각된다. 앞으로 나오는 얘기들을 듣고 부디 놀라지들 마시길 바란다.

한국이 현재에도 잘하고 있는 나라, 적어도 아주 최근까지도 계속해서 경제성장만큼은 잘해온 나라라고 생각하는 분들을 위해서 책을 시작함과 동시에 정확한 사실관계를 짚고 넘어가고자 한국에서 가장 흔하게 통용되는 경제력지표인 GDP를 찾아봤다.

그 결과, 한국은 IMF를 전후로 '평범한' 성장을 해온 '평범한' 국가에 지나지 않았다. 한국은 평균을 해왔을 뿐이다. 전 세계 국가를 죽 늘어트려 놓고서 우리가 사랑하는 줄 세우기식 '상대평가'를 하면 그렇다는 말이다. '절대평가'를 하시겠다면 할 말은 없다. '절대평가'로 성과를 측정한다면 아마도 우리가 흔하게 조롱하는 그 북한마저도 '잘한' 나라가 되겠지만 말이다.

무슨 근거로 그런 얘기를 하느냐고 되물으실 수 있다. 이제 그 근거를 보여드리겠다.

» 잃어버린 30년

지금으로부터 30년 전인 1994년, 한국의 경제적 위상은 어느 정도였을까?

IMF 2023 WEO 10월 판[1]을 기준으로 확인해 보면, 1994년 한국의 1인당 GDP는 1만 381달러로 35위에 랭크되어 있다.[2]

한국이 다른 나라들보다 잘해왔다고 생각하시는 많은 분들은, 이 순위에 큰 변화가 있으리라 생각하시는 분들이 많으시겠다. 하지만, 아

---

1   https://www.imf.org/en/Publications/WEO/Issues/2023/10/10/world-economic-outlook-october-2023

2   IMF DATAMAPPER, GDP per capita, current prices, U.S. dollars per capita, IMF

쉽게도 현실은 그렇지 않았다.

마찬가지로 동일한 자료 기준으로 2023년 한국의 1인당 GDP는 3만 3,147달러로 추산되며, 이는 1994년과 동일한 35위에 해당하는 수치이다.

그렇다면 전체 국가 GDP는 어떨까? 혹시 모른다. 1인당 GDP는 그렇다 치더라도 국가 전체 경제규모가 상대적인 관점에서 더 커졌다면 또 모르는 일이다.

마찬가지로 해당 자료를 살펴보면 다음과 같은 결과가 나온다.

> 1994년 한국의 GDP는 4,634억 달러로 세계 12위
> 2023년 한국의 GDP는 1조 7,092억 달러로 세계 13위
> 전체 국가 GDP는 오히려 한 단계 순위가 하락했다.

부인할 수 없다. 한국은 30년째 제자리걸음 중이다.

조금 더 강하게 말씀드리자면, 일본의 저성장이 시작된 1990년부터 2020년대인 현재까지 일본경제의 제자리걸음을 두고서 사용하는 '잃어버린 30년'이라는 표현을, 현재 한국의 최근 30년에 대입해도 큰 무리가 없을 수 있다.

1인당 GDP의 상대적 순위가 30년째 그대로에, 국가 전체의 GDP는 30년이 지난 지금, 오히려 순위가 하락했다. 잃어버린 30년이라는 표현보다 더 좋은 표현이 떠오른다면 쓰겠지만, 이 표현보다 현재 상황을 더 잘 설명할 표현이 떠오르지는 않는다.

우리는 경제만큼은 잘해왔다고 믿어왔다. 나이를 가리지 않고 자살률이 늘어난다든가, 출산율이 떨어진다든가, 중소기업과 대기업 간 임금격차가 타 국가의 추종을 불허할 정도로 벌어지고 있다든가. 그런 식의 경제성장의 부작용으로 인식되는 뉴스들을 어쩔 수 없다는 듯 취급하면서 경제성장만큼은 그래도 잘해오지 않았냐며 자기 위로를 해왔다.

그런데, 그게 사실이 아니었다면? 지난 30년 동안 한국의 경제는 세계적인 관점에서 비교해 봤을 때 제자리걸음에 지나지 않았다면? 우리가 믿어온 큰 믿음, 거대한 신기루 하나가 걷히게 된다.

» 멈춰버린 대한민국, 뒤로 가는 대한민국

신기루를 걷어내고 한국의 경제성과에 대한 현실을 직시해 보자. 최근에 경제뉴스를 열심히 챙겨보신 분들이라면 들어보셨으리라 생각되는 뉴스가 하나 있다. 약 20여 년 동안 우위를 차지하던 한국의 국민소득이 최근 대만에 역전당했다.[34]

3 ECOS 한국은행 경제통계시스템, 1인당 국민총소득(명목, 달러), https://ecos.bok.or.kr

4 National Statistics Republic of China (Taiwan), Per Capita GNI(US dollars), https://eng.stat.gov.tw/

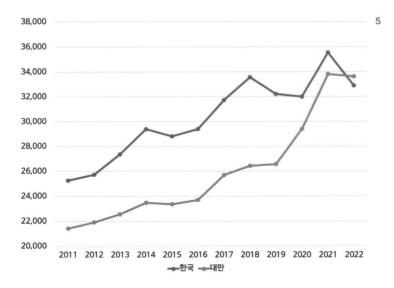

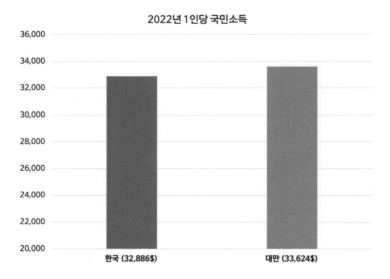

2022년 1인당 국민소득

---

5 IMF DATAMAPPER, GDP per capita, current prices, U.S dollars per capita, IMF

대만은 현재 국제사회로부터 국가라고 인정조차 못 받는 미승인국 상태이다. 수교를 맺은 나라가 10개 국가를 간신히 넘어가는 상황이기에, 무역과 외교에서 압도적으로 불리한 위치임에도 불구하고 한국의 국민소득을 20년 만에 추월하게 되었다는 뉴스는 많은 분들에게 작지 않은 충격으로 다가올 것이라 사료된다.

비단 대만뿐만이 아니다. 곧 한국의 1인당 국내총생산(GDP)이나 국민소득(GDI)을 넘길 기세로 올라오고 있는 나라들이 너무나도 많다. 그 국가들을 조금만 살펴보고자 찾아본다면, 다음과 국가들이 나온다.

사우디아라비아, 체코, 쿠웨이트, 에스토니아, 리투아니아, 바레인 등 후보는 차고 넘친다.

중동의 산유국들은 석유 가격의 상승으로 이해할 수 있다고 하더라도, 1991년 소련의 붕괴로 시장자본주의가 도입된 게 이제야 간신히 30년을 넘기는 동유럽국가들이 한국보다 1인당 국내총생산과 국민소득이 높아질 상황에 놓여 있다는 사실을 우리는 결코 가벼이 넘겨서는 안 된다.

게다가, 이미 슬로베니아라는 구 동구권 국가는 한국보다 높은 1인당 국내총생산을 갖게 되었다.[6]

---

6 IMF DATAMAPPER, GDP per capita, current prices, U.S dollars per capita, IMF

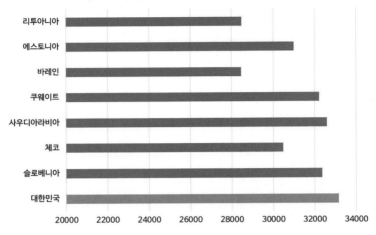

1인당 GDP
(2023년, 명목, 달러기준, 두 자리 수 미만 절삭)

대한민국	33,150
슬로베니아	32,350
체코	30,470
사우디아라비아	32,590
쿠웨이트	32,220
바레인	28,460
에스토니아	31,000
리투아니아	28,480

이제는 경제가 정체를 넘어서 상대적인 관점에서 뒤로 갈 위험에 직면해 있다는 얘기이다. 이런 현실을 제대로 직시한다면, 그래도 한국이 경제만큼은 잘해온 나라라는 말을, 더 이상은 하기 힘들어지지 않을까?

과거 동구권 국가들이었던 동유럽국가들이야말로 시장자본주의를 자신들의 경제체제로 온전히 흡수하기도 힘든 시기였을 지난 30여 년 동안 빠르게 성장하였다. 잘해온 나라들은 저런 나라들을 일컬어야 맞을 것 같다.

다시 말씀드리자면, **한국은 90년대 IMF를 전후로 '비교적 평범한' 경제성장**을 해온 나라이다. 게다가 최근에는 구 동구권 국가들에게 경제적 성취에 있어서 밀릴 위기에 처해 있다. 그렇기에 90년대 전후를 영유아로 보내거나 혹은 태어나지도 않았던 현재의 청년세대들은 한국이 경제만큼은 '잘해온' 나라라는 인식조차 갖기가 힘들다.

그러니 청년들이 갖고 있는 생각이 엄살을 피우는 것 같아 보여도 조금만 더 이해를 해주십사 하는 요청을 드린다. 이 점을 꼭 염두에 두시고서 책을 읽어주시면 감사하겠다.

2 희망과 기대의 원년, 2017

» 헌정 사상 초유

　우리가 경제만큼은 잘해왔다고 생각해 온 것이 착각이고 사실은 결과적으로 그냥 평균적인 수준의 경제성장을 해왔다는 사실을 깨닫는 것만으로도 큰 충격이고 새롭게 다가올 것이라 생각된다. 그리고 그 사실을 잘 소화해 낸 분들이라면 슬슬 하나둘씩 우리가 스스로 칭찬해 왔던 사건들에 대해서 의문이 드시기 마련일 테다. 그렇기에 한국인의 최근 기억 속에 한국의 민주정치가 잘 작동했다고 인식된 '헌정 사상 초유'의 그 사건을 두 번째 주제로 삼았다.

　모두가 기억할 것이다. 대한민국 헌정 사상 처음으로 대통령이 탄핵된 2017년의 그날은 극소수의 사람들을 제외하고는 축제의 해라고 부를 수 있을 정도로 좋은 분위기의 해였다. 그때 당시에는 모두가 즐겼다. 그때만큼은 오히려 부정적인 뉴스를 접하기가 힘들었다.

대한민국 사람이라면 대부분이 정의감에 취했고 술집에서는 술이 무료, 치킨집에서는 치킨이 무료였던 그날은 대한민국 국민의 위대한 민주적 승리이자 민주주의 영광의 날로 영원히 기억될 것이라며 자화자찬을 끊이지 않았다.

당연하게도 직후 치러진 대통령선거에선 탄핵당한 대통령과 대척점에 있던 정치인이 새로운 대통령이 되었다. 임기는 5년이었다. 모두가 희망과 기대에 부풀었고 새로운 대통령은 부동산은 안정되고, 서민은 살기 좋아지고, 정의가 살아 숨 쉬며, 안전한 대한민국을 약속했고 높은 인기를 구가했다.

대한민국은 거침이 없었다. 외교와 국방에서부터 경제와 복지에 이르기까지 정말로 180도 뒤바뀌었다. 대한민국은 '선진국'이라는 타이틀을 세계에 인정받고는 이전 정부에서 타 국가와 약속했던(특히 일본과의) 협정이나 조약들을 전면 재검토하고 대한민국의 자존심을 세워주었다. 북한과의 관계도 좋아졌다. 전 세계가 한국과 북한의 관계개선에 주목하고 미국의 대통령도 한국의 노력에 동조하며 평화에 점점 다가서게 되었다.

코스피와 코스닥은 연일 상승세. 경제도 완만하게 보였고, 북한과의 관계개선이나 신시장으로의 진출 등이 거론되며 새로운 경제적 기회가 도처에 널린 것처럼 보였다. 굴지의 대기업들도 연신 사상 최대의 실적을 발표하기도 했다. 심지어 그토록 따라잡기 어려워 보였던 일본인들의 소득을 한국인들이 드디어 넘어섰다는 얘기마저 들려왔다. 너무나도 달콤한 소식들이 들려왔었다.

하지만 역시 위기가 반복되는 나라, 어려움은 다시 금방 나타났다. 일본과의 무역분쟁, 트럼프라는 이상한 미국 대통령의 변덕, 코로나19 위기 등으로 부정적인 사건·사고가 계속해서 터졌다. 이 위기라는 것들은 하나가 지나가면 기다렸다는 듯이 또 하나가 새롭게 터져 나왔다.

그래도 비교적 전반적으로는 좋았다. 삼성과 하이닉스의 성공스토리는 우리를 기분 좋게 해주었고, 일본과의 무역분쟁이 있지만, 소재를 국산화시킬 것이라는 강한 의지와 실제 결과로도 이어지고 있다는 뉴스들은 우리의 자존심을 지켜주었다. 미국의 트럼프는 한국의 중재와 관리하에 제어당하는 모습을 보여준다는 뉴스도 잊을 수 없다.

코로나19도 짚지 않고 넘어갈 수가 없다. 유례가 없는 전 세계적 전염병의 창궐로 모든 나라가 국경을 닫았다. 물건과 사람의 이동이 차단당했으며, 실시간으로 수많은 사람들이 전염병에 희생당했었다. 그런 와중에 한국은 발병지인 중국 바로 옆에 위치하였으니 위기가 오지 않으면 이상한 상황이었다. 정말 힘든 시기였다. '대구 봉쇄'라는 말이 나오기도 했었고, 의료인들은 물론이고 대한민국 사람이라면 이때 힘들지 않았던 사람이 없었다.

하지만, 한국은 그 미증유의 사태마저도 가장 먼저 극복한 듯 보였다. 한국의 진단키트가 전 세계에 수출된다는 소식, 한국이 전 세계의 모범적인 방역 조치로 롤모델이 되고 있다는 소식, 옆 나라 일본은 의료가 붕괴되는 와중에 한국만큼은 국가의 선제적 조치와 국민들의 협조로 비교적 안전하다는 소식 등. 이 위기 속에서도 우리는 기분 좋은 뉴스를 많이 들었다.

문제는 이런 기분 좋은 소식들을 들으며 희망의 끈을 놓지 않던 우리가 얼마 안 가 현실에 배신당했다는 것이다. 지금에 와서 돌이켜 보면 지금의 대한민국에서 나오는 '침체', '불황', '파산', '사기' 등과 같은 듣기 거북한 단어들이 쏟아져 나오는 뉴스들은 위기를 극복했다는 착각을 주었던 그때, 혹은 그것보다도 더 오래전부터 진행되어 온 결과라는 생각이 든다. 어쩌면 우리가 들어온 기분 좋은 그 뉴스들과 소식들이 현실과 진실을 가리는 신기루에 지나지 않았을 수도 있다는 생각을 했었다.

그럼에도, 아무리 세상일이 한 치 앞을 바라보기 힘들다지만, 최근의 뉴스들은 이전에 안 좋은 뉴스들의 수준을 가뿐히 뛰어넘는 끔찍한 소식들로 채워져 있어 간단하게 바라보기가 너무 힘들 정도다. 도대체 어디서부터 잘못된 것인지 알아봐야지 직성이 풀릴 것 같다. 우리 국민들은 분명 모두가 잘했는데, 분명 모범적인 국가였는데, 분명 성실히 노력하고 일만 해왔는데, 어찌 된 일인지 알아봐야 마땅하다.

현실이 뜻대로 풀리지 않고 미래에 절망의 그림자가 드리우면 사람들은 과거를 다시 되짚어 보는 법이다. 역시 최근의 절망적 상황을 맞이해서, 과거를 돌이켜 보지 않을 수 없기에 우리는 다시 한번 우리가 걸어온 길의 시작 지점으로 다시 돌아가 봐야겠다. 가장 빠르게 돌아가 볼 수 있는 대표적인 사건이 발생한 그때로.

2017년, 희망과 기대의 원년이 되어야 할 그 해, 시작부터 이상하다는 사실을 눈치챈 사람은 그다지 많지 않았다. 대통령이 탄핵당했다. 헌정 사상 처음, 초유의 일이라고들 하지 않았던가? 우리가 이 사태에 준비가 되어 있을지에 대한 생각과 우려를 했어야 정상이다. 당연히 법과 제도적인 준비 여부를 확인하는 게 올바른 수순이었다.

» 대통령 궐위

한국인은 성격이 급하다는 핑계로 얼렁뚱땅 넘어갈 상황은 절대 아니었다. 대통령에 권력이 집중된 대통령제를 기반으로 국가 행정이 운영되던 나라이고, 그런 나라의 대통령이 탄핵당했다. 헌정 사상 초유의 일, 즉 없던 일이다. 우리의 상식선 내에서 생각해 보자. 돌다리도 두들겨 보고 건넌다는데, 대통령 탄핵 후의 법과 제도는?

한국 민주주의 역사가 1,000년이고 만 년이고 이어져 왔었다면 아마 별문제는 없었을 수도 있다. 그랬다면 분명 성숙한 법과 제도를 바탕으로 대비가 되어 있었을 테니.

헌데, 한국의 현재 헌법은 1987년에 대대적으로 수정된 헌법으로, 나이로 따지면 한국인 평균연령보다도 어리다. 헌법의 나이로 그 완성도를 가늠하는 건 옳지 못하겠지만, 반대로 우리 헌법이 제도적으로 완벽하다고 말할 수 있는 사람도 많지는 않으리라 생각된다.

내가 이제 곧 제기할 문제는 그 초유의 사태가 발생한 지 한참이 지난 지금까지도 해결되지 않은 상태로, 지금 시점에 해결되고 다뤄져야 할 문제가 아니기도 하다. 그 당시인 2017년, 혹은 탄핵 이전에 미리 다뤄지고 해결되었어야 마땅한 문제들이다.

자, 그럼 무슨 문제인데 이렇게 서두가 긴지 빨리 살펴보자. 대통령이 탄핵당하는 헌정 사상 초유의 사태가 발생했다. 그렇다면 새로 뽑힌 대통령의 임기는 어떻게 해야 할까? 대통령의 임기는 5년이다. 그럼 새롭게 5년을 새로 주면 될까? 어떻게 해야 할까? 바로 여기에서 문제가 발생한다. 돌이켜 생각해 보자. 이번 선거는 기존 대통령이 궐위(직위가 비워짐)되어 치르는 선거이다. 독자분들께서는 기존 당선인이 모종의 이유로 직무를 수행하지 못해서 다시 선거를 치르는 경우를 본 적이 있으실 것이다. 보통 우리는 이런 경우에 '재·보궐선거'라면서 선거를 다시 치러왔다.

그렇다면, 그런 유형의 선거에서 당선된 당선인의 임기를 보통 어떻게 정하는지도 알고들 계시리라 믿는다. 생각해 보자. 그렇게 당선된 사람이 새롭게 온전한 임기를 부여받던가? 아니면 전임자의 임기로 제한되던가? 오래 생각하지 않으시더라도 금방 떠올릴 수 있으실 거라 생각된다.

다 떠올리셨는가? 다들 아시겠지만, 굳이 내가 다시 직접 얘기해 보자면, 이전까지 해왔던 재·보궐선거에서는 당선인의 임기를 전임자의 임기로 제한해 왔다. 생각해 보면 당연한 일이다. 만약 새롭게 임기를 부여했다면, 온 나라가 매일같이 선거를 치르는 난장판이 됐을 것이다.

글을 쓰는 시점에서 가장 가까운 과거에 치러진 2023년 10월 11일의 강서구청장 보궐선거만을 보더라도 당선인의 임기는 당선 이후 새롭게 4년을 부여받는 게 아닌, 전임자의 임기인 2026년 6월 30일까지로 3년이 채 안 되는 임기만을 보장받았다.

2023년 4월 5일에 치러진 재·보궐선거에서 당선된 국회의원의 경우에도 마찬가지이다. 새롭게 4년을 받지 못하고 전임자의 임기에 제한당해 2024년 5월 29일까지가 예정된 임기가 된다. 겨우 1년 남짓한 활동기간만을 받아서 억울하다는 생각이 들 수도 있겠지만, 이게 우리가 여태까지 재·보궐선거를 대해온 방식이고 관례이며, 법으로도 정해진 사항이었다.

그런데 어찌 된 일인지, 2017년 대통령선거 때는 그러지 않았다. 2017년에 치러진 대통령선거는 임기를 5년을 주었다. 어떤 사회적 합의라든가 법에 따른 판결이 있지도 않았고, 헌법재판소에서 이를 정해준 것도 아니었다. 여태까지 그런 적이 없었는데 왜 그랬을까?

'대통령이니까 특별해서'라는 생각을 하실 수도 있다. 물론 대통령은 특별하다. 대한민국에서 대통령이 특별하지 않다고 생각할 사람이 어디 있을까? 당연히 특별하고 또 중요하다. 근데 특별하면 특별할수록, 중요하면 중요할수록, 더 철저히 법과 원칙에 입각해야 하지 않을까? 그런 의문도 자연스럽고 당연한 것이겠다. 특히, 민주국가라면 말이다.

그럼 당연히 '법'에 의해서 대통령만은 특별히 5년을 새롭게 준다고 적혀 있을 것이란 생각으로 이어진다. 나도 그렇게 생각했고, 많은 독자분들도 그렇게 생각하실 것 같다. 그런데 어찌 된 영문인지, 헌법에서도, 공직선거법에서도, 그런 얘기는 아무리 들춰봐도 없다.

헌법에서는 국회의원의 임기를 4년으로, 대통령의 임기를 5년으로 정해놓기만 했을 뿐이다. 공직선거법에서는 대통령의 궐위로 인한 선거로 임기가 어떻게 되는지에 관한 규정이 '없다'. 아무런 규정이 없어서 당혹감마저 든다.

정말로 이상한 일이다. 다른 선출직 공무원인 국회의원, 지방의회의원, 지방자치단체장은 임기에 대한 규정이 있는데, 그토록 특별하고 중요한 대통령만은 궐위로 인한 선거가 발생하는 경우에 그 선거로 당선된 사람의 임기에 관한 규정이 없다.[7]

---

7 공직선거법 제14조(임기개시), 국가법령정보센터, https://www.law.go.kr/lsInfoP.do?lsiSeq=257737&efYd=20240129#0000

제14조(임기개시)

①대통령의 임기는 전임대통령의 임기만료일의 다음날 0시부터 개시된다. 다만, 전임자의 임기가 만료된 후에 실시하는 선거와 궐위로 인한 선거에 의한 대통령의 임기는 당선이 결정된 때부터 개시된다. 〈개정 2003. 2. 4.〉

②국회의원과 지방의회의원(이하 이 項에서 "議員"이라 한다)의 임기는 총선거에 의한 전임의원의 임기만료일의 다음 날부터 개시된다. 다만, 의원의 임기가 개시된 후에 실시하는 선거와 지방의회의원의 증원선거에 의한 의원의 임기는 당선이 결정된 때부터 개시되며 전임자 또는 같은 종류의 의원의 잔임기간으로 한다.

③지방자치단체의 장의 임기는 전임지방자치단체의 장의 임기만료일의 다음 날부터 개시된다. 다만, 전임지방자치단체의 장의 임기가 만료된 후에 실시하는 선거와 제30조(地方自治團體의 廢置·分合시의 選擧 등)제1항제1호 내지 제3호에 의하여 새로 선거를 실시하는 지방자치단체의 장의 임기는 당선이 결정된 때부터 개시되며 전임자 또는 같은 종류의 지방자치단체의 장의 잔임기간으로 한다.

누군가는 이런 상태를 '입법의 불비'라고 한다는데, 쉽게 얘기하면 그냥 관련 법과 규정이 없다는 것을 의미한다. 탄핵이 사상 초유인 게 문제가 아니다. 이로 인해 새로 뽑힌 대통령의 임기조차 제대로 규정되어 있지 않은, 이 법의 공백 사태야말로 더 충격적인 초유의 사태이고 문제가 아니었을까?

이 문제에 관한 해석, 즉 대통령의 궐위로 인해 발생한 선거에서 새롭게 당선된 대통령의 임기를 어떻게 할지에 관한 해석이 모든 전문가에게서 일치한다면 또 모르겠지만, 그것도 아니다. 또, 당연하게도 우리는 대통령을 제외하고는 우리 손으로 뽑는 모든 선출직들이 중간에 보궐선거로 바뀌면 전임자의 잔여임기로 제한된다는 사실도 알고 있으며, 심지어 이전 역사에서도 대통령이 불의의 사태 등으로 임기를 수행하지 못했던 경우에 인계받은 모든 후임자들은 전임자의 잔여임기로 임기를 제한당해 왔고, 그때에는 또 법적으로 제한이 명시되어 있었음도 찾아보면 쉽게 알 수 있다.

예를 들면, 2017년 탄핵보다 이전에 있었던 대통령 궐위가 발생한 1979년의 경우, 당시 대통령 궐위에 의해서 새로이 선거를 치르고 당선된 최규하 대통령은 전임 대통령이던 박정희 대통령의 잔임(남아 있는 임기 기간)으로 임기가 제한당했었다.

이전에 법적으로 명시되어 있던 조항이 지금에는 사라졌으니 당연히 새로운 임기로 봐야 한다고 주장하는 게 현재 선거관리위원회와 새로운 5년의 임기가 맞다는 측의 논리인 듯하지만, 대한민국은 성문법에 기반한 법치주의 국가이고, 대통령 중심제 국가이다. 게다가, 특별한 근현대역사를 갖춘 대한민국에서는 국가의 원수인 대통령의 임기가 분명 특이나 중요한 문제일 텐데, 법에 명시되어 있지도 않은 사항에 대해서 '당연하다.'라고 얘기하는 것이 올바른 일인지 잘 모르겠다.

대통령과 국회의원의 임기를 헌법에서 각각 5년과 4년으로 정했는데, 공직선거법에서는 국회의원만을 '잔임'으로 제한했으니, 궐위에 의한 선거로 당선된 대통령의 임기는 헌법에 적힌 5년을 그대로 따르고 국회의원은 공직선거법의 잔임규정을 따라야 한다는 논리로 5년의 새로운 임기가 당연하다는 얘기들을 하는 것 같다.

그런데, 내 짧은 지식을 토대로 생각해 보면, 이는 매우 모순적이다. 만약 내가 파악한 '5년을 새로이 주는 게 헌법의 5년 임기 규정에 의해 옳다.'는 해석의 논리에 따르면, 국회의원도 재·보궐선거로 당선되었을 시에 새로이 4년을 줘야 한다. 헌법에 보장된 임기를 '공직선거법'에 의해서 '잔임'만으로 임기를 제한시키면 이는 하위법이 상위법에 모순되는 상황에 이른다는 얘기이다.

그러니, 전임자의 잔임으로 임기를 제한할 거면, 대통령과 국회의원 모두가 잔임으로 제한당해야 맞고, 아니라면 둘 다 새로운 임기를 주어야 맞다는 것이 내가 머리를 한참 굴려 도달해 낸 결론이다.

어쨌든, 최종적인 판단은 독자분들의 몫이지만, 가타부타 여부를 차치하고서라도 적어도 지금은 그 모든 일을 겪고 이제 끝이 났으니, 오해를 막기 위해서라도 관련된 조항이 이제는 법에 명시라도 되어야 하는 상황이 아닐까? 이상하게도 그런 법을 만들고자 하는 논의조차 없었던 것이 현재의 대한민국이다.

혹시 누군가가 조금 불순한 생각을 살짝 섞어본다면(그럴 일은 없겠지만), 만약 헌법재판소에서 이 문제를 심리해서 보궐선거로 당선된 대통령의 임기가 전임자의 잔임으로 제한한다는 결정이 나온다고 가정해 볼 수도 있다. 그렇게 되면 2017년 이후 대통령들은 위법적으로 국가최고권력을 점유하고 이를 행사해 온 '내란 수괴'에 해당하지는 않을까? 노파심에 하는 말이고 그럴 가능성은 없겠지만, 현실성을 떠나서 원칙적으로 생각해 본다면 말이다.

» 임기 없는 대통령

누군가는 내가 법에 대해서 무지해서 그런 오해를 하고 있다고 질책할 수도 있다. 무지에서 비롯된 말이 안 되는 얘기라며 비판이나 비난을 하실 수도 있다. 맞다. 나는 법에 대해 갖고 있는 지식이 매우 얕다. 그래서 이 문제에 대한 전문적인 지식이 없어서 내가 단순히 오해한 것일 수도 있다.

헌데, 해당 문제에서 끝났다면 애초에 언급할 생각도 없었다. 진짜 문제는 따로 있었다. 임기야 5년으로 한다고 치자, 진짜 문제는 과연 그 임기의 시작일과 마지막 일을 언제로 두는지였다.

물론, 이전까지 대한민국이 해오던 대로, 혹은 다른 국회의원이나 지자체장 등 재·보궐선거의 경우처럼 잔임기간(전임자의 임기)만으로 임기를 한정했다면 또 생기지 않았을 문제였지만, 새로이 5년을 주다 보니 대통령의 임기 개시일과 임기 종료일을 언제로 봐야 하는지에 관한 논쟁이 생겼다.

법에서는 아까 위의 자료에서 보여주었듯이, 당선이 결정된 때부터 임기가 개시된다고 나와 있다. 헌데, 대통령 임기 기간을 기준으로 삼는 시간은 또 0시로 정해져 있다. 그런데, 당시 새롭게 당선된 대통령은 전임 대통령이 없던 상태에서 당선이 되다 보니, 0시에 맞춰서 임기를 시작하지 않고 당선 즉시 대통령의 임기를 시작하게 되었다.

그래서 당선 당일을 임기 기간으로 포함해서 봐야 하는지, 아니면 그날은 제외하고 다음 날부터 세기 시작해야 하는지에 관한 문제가 생긴 것이다. 참으로 복잡하다. 잔여임기로 제한했으면 참으로 간단했을 문제가 새롭게 5년을 주게 되니 참으로 복잡해졌다.

내 사견으로는 5년을 새로 주는 게 맞다는 해석이 잘못이거나, 법을 제대로 안 만들었거나 둘 중 하나의 상황인 것 같은데, 나는 법에 대해서 아는 게 별로 없으니 말을 최대한 아끼겠다.

어쨌든, 우리는 대통령 임기 종료일과 개시일에 관한 이 중요한 문제에 대해서 선거 당시에 제대로 안내조차 받지 못했다. 그냥 대통령을 뽑는 사실이 중요했고, 선거운동을 하면서 서로의 정책이나 상대방의 실책을 얘기하길 바빴지, 대통령의 임기를 어떻게 봐야 할지는 다들 크게 신경 쓰지 않는 문제였다.

그러다 보니 결국 사단이 난 것이다. 대통령의 임기가 언제 끝나는지조차 모르고, 다시 말하자면, 대통령의 임기조차 정하지 않고 대통령을 뽑는 사상 초유의 사태가 벌어졌다.

세상 어느 민주주의 국가가 임기조차 정하지 않고 선거를 치를까? 게다가 국가의 최고 권력자를 임기조차 정하지 않고 뽑는 나라가 어디 있을까? 이 문제는, 앞서 제기한 5년의 임기를 새로이 줘야 하는지에 관한 문제보다 더 중요한 문제이고, 대한민국 민주주의에 치명적인 문제가 되기도 한다. 대한민국 국민들은 도대체, 임기조차 정하지 않고 대통령을 뽑았단 말인가?

이쯤 되면, 더 이상 대한민국 민주주의의 위대한 성취라든가, 국민의 승리라든가 하는 식의, 우리가 과거에 해온 찬양이 민망해지고 부끄러워진다. 민주주의의 성취나 승리보다는 오히려, 대한민국 헌법과 법률의 제도적 미숙성과 민주정치의 불완전성을 전 세계에 광고한 셈이나 아니면 다행이겠다.

당시 당선된 대통령의 임기는 무려 2021년이 되어서야 확정됐다. 2017년에 선출된 대통령의 임기 종료일이 2021년이 되어서야 정해졌다. 그래도 임기 중에 임기가 정해져서 다행이라고 하실 분들도 있을 것 같다. 하지만, 대통령 임기가 시작된 지 4년여의 시간 동안 임기가 언제 끝날지도 모르는 대통령을 두고 있던 나라였다는 건 변치 않는다.

그리고 여기서 새로운 문제가 또 등장한다. 이 임기를 정한 주체가 누구였을까? 민주주의에 대해 이해도가 높은 대한민국 국민이라면 당연히 헌법을 관장하는 헌법재판소, 사법의 최정점인 대법원, 입법부인 국회의 순서 정도로 떠올리셨으리라 생각된다.

모두 틀리셨다. 정답은 바로 '선거관리위원회'였다. 민주공화국 대한민국의 최고권력자인 대통령의 임기 종료일을 선거 사무를 관장하는 선거관리위원회에서 해석하여 결정하였다. 대통령 임기 종료일에 대한 법적 해석을 헌법재판소도, 대법원도 아닌 선거관리위원회가 했고, 우리는 그 문제를 인지조차 못 하고 유야무야 넘어갔다.

그렇다면, 이 일이 모두 있고 난 이후인 지금은 어떨까? 바로 말씀드리자면, 아무런 조치나 후속입법도 이뤄지지 않고 있다. 대한민국은 그렇게 또 한 번 묻고 넘어갔다. 대통령의 임기 문제도 그냥저냥 어영부영 넘어가는 나라, 성문법 법치국가에서 대통령 임기의 근거를 헌법이나 법률에 적힌 '문자'에 기반한 게 아니라 선관위의 '해석'에 기대는 나라. 이런 상황이야말로 대통령이 탄핵당했다는 사실보다 더욱 '헌정 사상 초유'라는 표현이 어울리지 않았을까?

당시 우리는 2017년에 있었던 일련의 사건에 대해 온갖 좋은 표현은 다 사용했지만, 실상은 그다지 자랑스럽지 못하다. 이 나라의 곳곳에는 이렇게 진정한 문제를 우리가 보지 못하도록 방해하는 신기루가 펴져 있다. 제대로 된 문제를 인식하지 못하게 하고, 존재하지 않는 환상의 나라만을 보여주려는 이런 신기루들을 이제는 걷어내고 진짜 문제들을 살펴봐야 한다.

3 전 세계의 모범, K-방역

» **인내의 한국인**

코로나로 전 세계가 힘들던 시절, 한국인들에게 희망을 주고 가슴에 불을 지피던 K-방역. 어려운 와중에도 대한민국이 그래도 잘해내고 있다고 믿어온 근거 중 하나였다. 아직까지도 많은 사람들은 K-방역이 성공적이었다고 믿고 있다. 물론 K-방역이 완전한 실패였다고 얘기하려는 것은 아니다. 다만, 감염병에 있어서 진짜 중요한 숫자들을 살펴보고 한국이 어떻게 위기를 헤쳐 나왔는지를 다시 한번 생각해 볼 필요가 있다는 얘기를 이번 주제에서는 해보고 싶다.

2020년부터 시작된 코로나19 방역 및 대응 조치는 2023년 6월에 와서야 격리 의무가 사라지며 끝났다고 할 수 있다. 최소 3년여의 기간 동안 정부가 국민들의 권리를 일부 제한해 왔다는 얘기이다.

모두들 기억하시리라 믿는다. 대한민국 국민들이 서로 만나는 데 제약이 생기고, 상점의 영업시간에도 제한이 생기고, 백신을 맞는 사람과 안 맞는 사람, 마스크를 쓰는 사람과 안 쓰는 사람을 정부가 나서서 서로 다른 대우 혹은 차별을 했던 시기가 있었다. 우리는 그 시기를 참고 견뎌냈다. 아마도 대한민국 국민만큼 정부에 잘 협조한 국민도 드물 것이라 생각된다.

우리가 그렇게 협조적이었고 정부의 말을 잘 듣던 이유는, 보건당국과 정부에서 이렇게 해야 사람이 덜 죽고, 사회에 문제가 덜 생긴다고 우리를 설득해 왔기 때문이고 방역 성공의 유일한 길이라고 얘기해 왔기 때문이다. 그리고 우리는 이 주장을 굳게 믿어왔다.

또, 우리에게 기분 좋은 뉴스가 들려오기도 했다. 정부의 방역과 국민들의 적극적인 협조 덕분에 대한민국이 세계에서 가장 우수한 코로나19 방역 및 대응 성과를 내고 있다는 소식이 연신 들려왔다. 해외와의 교류가 제한되는 상황이어서 직접 바깥에 나가 확인해 볼 수는 없었지만, 인터넷과 TV 등의 대중매체를 통해서 우리는 그 기분 좋은 뉴스와 정부의 발표 등을 들으며, 적극적인 방역협조가 분명 성과가 있는 것이라는 생각들을 했었다.

헌데, 그 조치들의 결과가 만약 정부와 언론을 통해서 들어온 얘기와 다르게 사실은 다른 나라들과 비슷한 수준 정도로 이어졌다면? 나아가서 한국과 비슷한 조건을 갖는 나라들이 한국보다 코로나19로 인한 직간접적 희생자가 더 적었다면 어떨까? 분명 배신감을 느끼시는 분들이 많으실 것이다.

물론 처음에는 믿기지조차 않으신 경우가 많으리라 생각된다. 그래서 더욱이 이 주제를 가져올 수밖에 없었다. K-방역의 성과라고 알아온 얘기가 사실은 실체가 없는 신기루였고, 진실은 다른 곳에 있다는 사실을 보여드리고 신기루를 걷어내는 데 성공한다면, 대한민국 멸망의 조짐들을 더 진실되게 바라봐 주실 거라 믿었기에, 한국의 현재 안 좋은 상황과 직접적인 연관은 없었음에도 꼭 가져와야만 했음을 이해해 주시길 바란다.

이제 같이 한번 차근차근 살펴보자, 뉴스나 정부에서 얘기하던 각종 숫자도 한번 보고, 전염병에 있어서 진짜 중요한 숫자가 무엇인지도 한번 찾아보자.

» 비웃을 권리

일단 가장 중요한 숫자들에 대해서 이야기하기에 앞서, 비교국가를 몇 개 선정해야 할 필요성이 있었다. 만약 K-방역이 한국인들의 기존 통념보다 신통치 않았다고 하더라도, 다른 나라들보다 훨씬 괜찮은 성과를 자랑하는 방역을 해냈다고 하면, 이에 대한 비판이 설득력을 갖추기 어렵다고 생각했기에 대표적인 비교국가를 선정하자는 생각에 이르렀다.

내가 고른 국가들은 프랑스, 대만, 일본 정도이다. 프랑스를 고른 이유는 당시 언론에서 많이 보도된 서구 국가 중 하나이기도 한 데다, 당시 마스크 반대 시위가 격렬하게 발생했던 나라이고 한국 내에서 마스크 반대 시위에 대한 많은 비판여론이 있었던 것으로 기억하기에 선택했다. 대만과 일본은 한국과 문화가 비슷하고, 동아시아에 위치하여 지리적으로 가장 가까운 선진국들인 데다, 한국과 소득수준마저 비슷하니 비교국가로 완벽하다고 생각했기에 선정했다.

특히 일본의 코로나19 상황은 다른 나라들에 비해서 가장 한국 언론에서 유통되는 비중이 높았기에, 다루지 않을 수 없었다. 검사 수, 확진자 수, 사망자 수, 백신 접종자 수 등의 모든 관련 지표가 거의 매일같이 언론들에 의해서 비교되던 나라이니 가장 많이 다뤄줘야 맞지 않을까 싶다.

그럼 먼저, 기본적인 숫자들부터 확인해 보자. 질병관리청의 2023년 8월 말일 자료를 기준으로, 한국의 코로나 전체 누적확진자 수는 3,457만 1,873명이다. 사망자는 3만 5,934명, 치명률은 0.1% 수준이다.[8] 확실히 우리가 듣던 대로 능동적인 선제적 검사로 감염자를 찾아낸 방역 모범국답다.

	누적확진자	사망자	치명률
대한민국	34,571,873	35,934	0.1%

8 국내 발생 현황, 질병관리청, https://ncov.kdca.go.kr/

인구수 대비해서 한국만큼 높은 검사횟수를 기록한 나라가 거의 없다는 사실은 다들 익히 들어 알고 있을 것이다. 그 성과가 누적확진자 및 치명률 지표에서 여실히 드러난다. 치명률 0.1%는 코로나가 약한 질병이기 때문이 아니라, 한국이 적극적으로 의심환자를 검사한 덕분에 나온 수치가 아닐까 싶다.

한국은 많은 확진검사와 고강도 예방 및 방역 조치로 유명했다. 불과 2년 전만 해도 밤 10시 이후에 영업이 금지된다든가, 5인이 모이면 불법이던 시절이 있었다. 마스크를 안 쓰면 어떤 시설에도 못 들어가게 하던 정책도 빼놓을 수가 없다.

수많은 나라가 한국과 비슷하거나 혹은 그 이상으로 국민의 기본권을 침해할 소지가 있음에도 마스크의 의무화, 영업시간 단축, 집회 및 다인 모임 금지 등을 국가의 사정에 맞게 강제하였다. 한국과 더불어서 그런 조치들로 칭찬을 받았다고 알아온 나라가 대만이었다.

헌데, 끝까지 어떠한 법적 강제 조치도 국가 차원에서 취하지 않고 대부분의 방역 조치를 '권고'로 이 위기를 무마하려던 나라도 있었다. 우리가 언론보도를 통해 가장 쉽게 접하던 방역 조치가 약한 나라 중 하나가 일본이었다.

그리고, 정부의 조치에 강한 반발을 보여주던 나라도 꽤 많았다. 그 중 하나가 프랑스였고, 한국에서는 프랑스 등에서 발생하는 방역 조치 반발 시위를 이해하지 못하겠다는 목소리가 크기도 했었다.

이 나라들은 어떤 수치들이 나왔었는지 확인해 보자.

먼저 프랑스다. 확진자는 4,013만 8,560명이고 사망자는 16만

7,642명에 치명률은 0.4%다.[9]

다음은 대만이다. 확진자 849만 8,195명, 사망자 1만 4,722명, 치명률 0.2%다.[10]

마지막으로 일본은 확진자 3,380만 4,284명, 사망자 74,707명, 치명률 0.2%다.[11]

	누적확진자	사망자	치명률	10만 명당 사망자
프랑스	40,138,560	167,642	0.4%	325명
대만	8,498,195	14,722	0.2%	61명
일본	33,804,284	74,707	0.2%	60명
대한민국	34,571,873	35,934	0.1%	69명

대한민국의 인구가 2023년 대한민국 통계청 기준으로 5,158만 명, 프랑스가 6,475만 명, 대만이 2,390만 명, 일본이 1억 2,329만 명이다.[12][13]

그렇다면 인구수 대비해서 사망자 수를 따졌을 때, 프랑스는 10만 명당 325명, 대만은 61명, 일본은 60명이고, 한국은 69명이다.

---

9 French Public Health Agency, http://www.santepubliquefrance.fr

10 Taiwan Centers for Disease Control, https://www.cdc.gov.tw/

11 Ministry of Health, Labour and Welfare of Japan, https://www.mhlw.go.jp/

12 통계청 「장래인구추계」 2021. 12. 7, 통계청

13 UN「https://population.un.org/wpp, World Population Prospects 2022」2022. 7, UN

일단 벌써부터 이상하다. 비교 중인 국가들 중에서 한국보다 인구대비 사망자 수가 많은 나라는 프랑스가 유일하다. 그렇다는 말은, 만약 전체 인구가 같았다면 코로나로 인한 사망자 수가 한국보다 일본, 대만이 더 적었다는 얘기이다. 즉 일본과 대만이 한국보다 훨씬 코로나에 대한 대응과 대처를 잘했다는 의미가 된다. 사망자가 적은 것으로 그 평가를 한다면 말이다.

국가	2023년 기준 인구(1,000명)
대한민국	51,558
일본	123,295
대만	23,923
프랑스	64,757

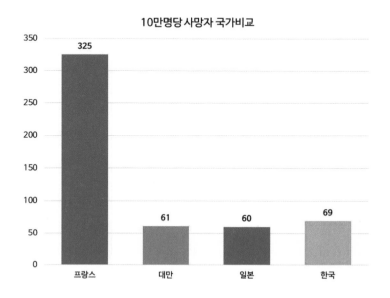

10만명당 사망자 국가비교

하지만, 모두가 다 알듯이, 그렇게 간단한 문제가 아니다. 많이들 들어본 얘기겠지만, 코로나가 세상을 휩쓸던 와중에 우리가 언론들을 통해서 수없이 많이 들었던 얘기를 한 번만 더 들어보자. 한국에서 인구수 대비 사망자 수가 일본과 대만보다 높은 이유는 아마, 한국이 선제적으로 확진자들을 검사하여 코로나19 사망자로 인정되는 사례가 더 많기 때문일 것이다. 그럴 가능성이 있다. 우리는 그렇게 믿어왔고, 그렇기에 대한민국의 방역 조치와 대응이 훌륭했다고 생각해 왔다.

그럼에도, 일단 숫자는 숫자이고 이 숫자들은 거짓말을 하지 않는다. 한국이 프랑스는 몰라도 일본, 대만과 같은 유사한 환경을 가진 나라와 비교했을 때 유독 특출나게 좋은 상황이었다고 주장하기에는 숫자가 한국에 유리하지 않다.

물론 많은 독자분들이 아직까지는 한국이 일본과 대만보다 못했다는 얘기에 동의하지 않으시리라 생각한다. 그리고 '그 나라들은 제대로 검사도 안 하고 낸 통계라 믿을 수가 없다.'라는 얘기를 하실 수도 있다. 실제로 그런 뉘앙스의 언론보도가 당시에 많이 나왔으니 이해 못 하는 바가 아니다.

게다가, '전 국민의 코를 한두 번은 꼭 쑤셔본 나라가 당연히 코로나로 인한 사망이 더 많이 인정되지 않을까?'라는 당연한 질문으로 이어질 수 있으니, 단순하게 정부에서 공표하는 코로나19 사망자로 성과를 비교하기에는 무리가 있다고 많은 분들이 얘기하시라 생각된다.

그런 의문을 당연히 나도 가졌었다. 언론들을 통해서도 많이 들었던 얘기이니 생각을 안 해보는 게 이상하다. 그렇기에 나도 해당 숫자가 이상하다 판단했었고, 한국에서 유통되던 정보(한국이 검사 수가 많고 다른 나라가 적기에 한국의 사망자 수가 많이 보인다는 주장)가 사실이라고 가정한 뒤에 다시 다른 자료들을 찾아봤다. 한국이 '검사 수'가 많아서 일본, 대만보다 인구대비 사망자 수가 많다는 주장을 사실이라고 생각하고 자료를 찾아봤다는 얘기다.

바로 여기서 진짜 이야기가 시작된다. 한국인들이 굳게 믿어온 사실, 우리가 자랑스럽게 여기고, 언론들을 통해서 끊임없이 듣고 왔던, 대한민국이 열심히 홍보했던 그 이야기에 대한 진실을 여러분들께 소개하겠다.

다시 시작해 보자. 먼저, 여러분들은 전염병을 상대로 한 전쟁에서 가장 중요한 게 무엇이라고 생각하는가? 경제 타격의 최소화? 불평등 및 격차 확대의 예방? 사회혼란의 최소화? 전부 중요하겠지만, 가장 중요한 건 '희생자'의 최소화가 아닐까 싶다. 아마도 이견은 없을 것이라 본다.

전염병은 결국 사람이 사망할 수 있기에 위험하고, 전염병을 막아야 하는 근본적인 원인부터가, 사람이 전염병에 걸리면 죽을 위험이 생기기 때문이다. 그 외의 다른 문제들은 결국 전염병으로 인한 죽음의 위험이라는 근원적 문제에서 파생되는 부가적인 문제들이라고 나는 생각한다.

그리고, 우리가 정부의 방역정책을 따랐던 이유와 정부가 시민들의 권리를 제한할 수 있었던 것도 코로나로 인한 희생자의 최소화란 명분이 있었기에 가능한 일이었다. 그런 명분이 없었다면 우리가 그런 조치를 따를 이유도 없었을 것이고, 유럽이나 미국 등지에서 발생하던 시위나, 어쩌면 그 이상의 사태가 발생하지 않았으리라는 보장이 없었다.

그렇기에, 이번 코로나 팬데믹에서도 가장 중요했던 것은 당연하게도 전염병이 직간접적으로 유발하게 되는 '희생자'의 최소화가 되었어야 했다. 이에 대해 다른 의견이 있으신 분들의 얘기도 들을 준비가 되어 있지만, 전염병 사태에서 전염병으로 인해 직간접적으로 희생당하는 '사람의 목숨'보다 더 중히 다뤄야 할 문제가 무엇인지 나는 생각이 나지 않았다. 그래서, 그 희생자의 숫자에 초점을 맞추고 자료를 조사했다.

우리가 코로나 기간 동안 언론들을 통해 들어온 얘기가 사실이라면 (한국이 검사 수가 많아서 일본과 대만에 비해 사망자 수가 많아 보인다는 주장), 일본하고 대만은 코로나 검사를 덜 해서 사망자 수가 적어 보일 뿐, 실제로 팬데믹 기간 동안 희생된 사람의 전체 수는 인구수 대비해서 한국보다 높았을 것이다.

일본과 대만이 행정역량이 대한민국에 미치지 못하고 방역대응이 대한민국보다 한참 낮아서 검사를 못 하다 보니, '진짜' 사망자 숫자를 제대로 파악도 못 한 주제에, 마치 한국보다 방역을 잘한 것처럼 겉으로만 보이게 만들었다는 얘기가 된다는 말이다.

그렇다면, 대만과 일본의 코로나 사망자에 관한 통계가 실제로는 안 좋은 상황을 숨기는 눈속임이나 사기에 가까웠다는 의미가 된다. 실제로 그런 식의 언론보도도 있어왔고, 적지 않은 사람들이 특히 일본에 대해서 코로나 대응 및 방역 조치를 비웃고 일본 정부의 통계를 믿지 못하기도 했었다.

헌데, 다행스럽게도 그 두 나라가 절대 숨기지 못하는 통계가 하나 있었으니, 그게 바로 전체 사망자 숫자다. 코로나로 인한 사망자 숫자가 아닌, 그 나라에서 죽은 사람들의 수를 모두 합한 전체 국민 사망자 숫자 말이다. 사람이 하는 일은 하늘이 보고 있다고 그러던가. 아무리 숨기려 해도, 국가 전체 사망자 수라는 통계까지는 고약한 권위주의적 독재국가가 아닌 이상 숨기지 못하는 법이다.

» 웃지 못할 결론

바로 여기서 초과사망이라는 개념이 등장한다. 코로나19가 한참 유행할 때, 이 개념을 들어본 사람들도 분명 있으리라 생각된다. 조금은 복잡한 개념인데, 과거 수년간의 해당 국가 사망자 수 데이터를 바탕으로 앞으로 예상되는 사망자 수를 추산하고, 그 이상의 사망자 수가 발생하면 평년에는 일어나지 않았던 어떤 사건으로 인해 직간접적으로 죽은 사람의 수로 본다는 것이다.

조금 어렵다. 하지만 걱정하지 마시라. 전문가들이 보기 쉽게 다 정리해 줬으니, 우리는 표와 숫자만 확인하면 된다.

소개해 줄 통계를 간략하게 설명하자면, 코로나19 팬데믹이 발생하기 직전 5개년의 평균 사망자 수를 바탕으로 코로나 기간 동안 코로나가 없었을 때의 사망자 수를 가정하고 그 이상의 수가 나오면 '초과사망'으로 가정하여 그 수준이 누적으로 전체 기간 동안 얼마나 더 많았는지를 %로 보여주는 통계이다.

우리는 그 통계에 기반한 표를 이제 곧 같이 보게 될 것이다. 해당 %만큼 평년 대비해서 더 많은 사람들이나 더 적은 사람들이 죽었다는 의미로, 원래는 없었던 어떤 변수에 의해서 추가로 사망한 사람들의 수를 추산해 볼 수 있다.

그럼 먼저 프랑스부터 확인해 보자.[14]

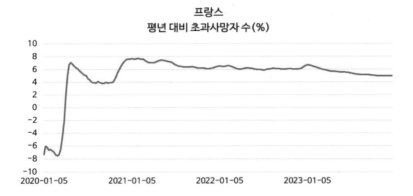

0%를 기준으로 −가 나온다면, 평년보다 사망자 수가 그 %만큼 줄었다는 얘기이고, +가 나온다면 그 %만큼 늘었다는 얘기이다. 즉 +%

---

14 Excess mortality: Cumulative deaths from all causes compared to projection based on previous years, Our World in Data, https://ourworldindata.org/

만큼이 코로나 팬데믹 기간 동안 '초과사망한 희생자의 수'라고 볼 수 있다.

프랑스의 숫자를 확인해 보면, 역시 사태 초기부터 많은 희생자가 나온 서구권 국가답게 사태 초기에 사망자 수가 확 늘어난다. 하지만, 그 이후 빠르게 안정을 찾은 모습이다(최근에는 줄어들고 있는데, 이는 코로나로 인해 기저질환자가 사망하여 코로나가 없던 원래대로라면 나중에 사망할 것으로 추정됐던 기저질환자의 사망이 앞당겨져 이후의 사망이 적어지는 효과일 수 있다). 그럼에도, 이전 평년의 한 사망자 수를 기반으로 한 예상 사망자 수보다 6%나 더 사망자가 발생했으니, 분명 적지 않은 수치라고 할 수 있다.

다음은 대만이다.[15]

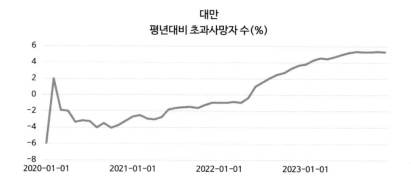

대만
평년대비 초과사망자 수(%)

---

15 Excess mortality: Cumulative deaths from all causes compared to projection based on previous years, Our World in Data, https://ourworldindata.org/

오랫동안 강력한 방역 조치를 유지했다고 들어왔던 대만이다. 그 덕분일까? 앞서 살펴본 프랑스와는 사뭇 다른 흐름이다. 초기에 오히려 예상되는 사망자 수보다 적은 사망자 수를 보인다(코로나 방역 조치로 인해서 다른 전염병들이 자취를 감췄다는 얘기들을 접하던 시기이기도 하다). 이후에 방역의 피로 탓인지, 전염성이 강한 변이종의 등장 탓인지는 모르겠지만, 초과사망이 급격하게 올라가는 구간이 나온다.

되려 최근에서야 초과사망이 누적되고 있는 모습이다. 그래도 프랑스보다 총 누적 초과사망 %가 적고, 초과사망자의 수가 가장 급격하게 상승하는 시기를 비교해 봐도 프랑스에 비해서 완만하게 지나갔다고 볼 수 있다.

이제 일본을 살펴보자.[16] 의료붕괴라는 말을 언론을 통해서 많이 들어왔으니, 엄청난 숫자의 초과사망자가 발생했을 것이 분명하리라는 생각이 든다.

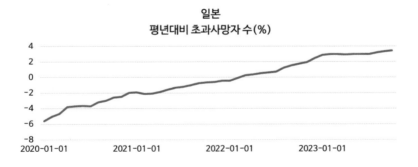

일본
평년대비 초과사망자 수(%)

16 Excess mortality: Cumulative deaths from all causes compared to projection based on previous years, Our World in Data, https://ourworldindata.org/

여기서부터 의아한 생각이 들기 시작한다. 우리가 언론보도를 통해서 접해온 일본이라면, 보여줄 수 없는 정말로 이상한 표가 나타났다. 어찌 된 영문인지, 대만보다도 누적 초과사망자 비율이 낮다. 초과사망자의 수가 튀어 오르는 구간도 대만보다도 완만하다. 지나치게 완만하다. 프랑스와는 비교도 안 되게 좋은 형태를 보여주고 있다.

우리가 언론을 통해서 접하던 의료붕괴의 국가가 보여줄 모습과는 너무나도 거리가 멀어 보인다. 앞서 보여드린 어느 나라보다도 더 낮은 %의 초과사망자 수준을 보여주고, 그 그래프조차 가장 완만한 모습을 보여주고 있다.

이쯤 되면 '혹시 한국이 너무나도 잘해서, 일본도 잘하는 국가임에도 우리의 눈에만 부족해 보였던 탓이 아닐까?'하는 생각도 들기 시작한다.

여하튼 이상하지만, 그래도 아직 늦지는 않았다. 한국의 숫자가 남아 있다. 어쩌면, 우리가 대만, 프랑스는 물론이고, 일본에 비교도 안되게 압도적으로 좋은 숫자(낮은 초과사망)라는 실적을 갖고 있었기에, 일본의 조치가 한심해 보이고 멍청하게 보였을 수 있겠다. 뛰는 놈 위에 나는 놈 있다고, 나는 놈이 보면 뛰는 놈이 한심해 보일 수도 있는 법이니까 말이다.

그러니, 이제 바로 확인해 보자. 대한민국이 얼마나 좋은 수치를 보여주는지, 얼마나 코로나로 인한 사망자가 적었는지를 말이다.[17]

---

17 Excess mortality: Cumulative deaths from all causes compared to projection based on previous years, Our World in Data, https://ourworldindata.org/

대한민국
평년대비 초과사망자 수(%)

(출처: https://ourworldindata.org/excess-mortality-covid)

믿지 못할 그래프다. 많은 독자분들이 처음 봐서는 바로 믿지 못할 것이라 생각된다. 두 눈을 의심하고 있는 분들도 계실 것이다. 누적 초과사망자 수가 마스크 반대 시위를 하던 프랑스보다도 높고, 일본이나 대만하고는 비교가 민망한 수준에, 비교국가들보다 가장 급격한 초과사망자 수의 증가를 겪었다. 앞서 완만한 그래프를 보여줬던 일본에서 만약 의료붕괴가 발생했다는 얘기가 사실이었다면, 한국에서는 어떤 일이 벌어졌다는 얘기인지, 상상조차 가지 않는다.

한국, 프랑스, 대만, 일본을 모두 보여주는 그래프를 보면 다음과 같다.

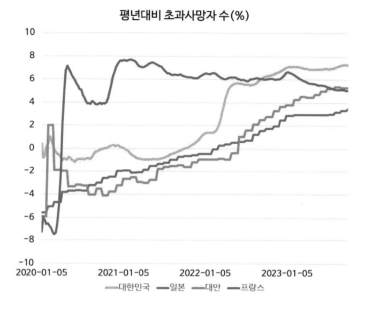

평년대비 초과사망자 수(%)

대한민국 ━일본 ━대만 ━프랑스

　도무지 이해가 가지 않는다. 우리가 들어오던 사실과 숫자와는 너무나도 다른 모양새다. 많은 분들이 부정하실 수도, 부정하고 싶으실 수도 있을 것이다. 하지만, 아쉽게도 숫자는 거짓말을 하지 않는다. 다른 나라들이 국가 전체의 사망자 숫자마저 조작한다는 음모론을 믿고자 한다면 그런 분들까지 설득할 에너지는 없다.

　그렇게 아Q식의 정신의 승리를 챙기는 것까지 막는다면 너무 가혹하다고 생각되기도 하다. 누구나 상상과 망상은 마음대로 할 수 있다. 하지만, 숫자는 숫자이고 우리가 받은 '코로나 팬데믹 초과사망자 수 증가'에 있어서의 비교는 일본, 대만은 물론이고 방역 조치에 강한 반대를 보이는 시위를 하던 프랑스보다도 안 좋은 결과였다.

이제 많은 사람들이 그 원인을 궁금해할 것이라 생각된다. 당장 생각나는 원인이 될 만한 사건들이 참으로 많지만, 나는 원인에 대해서는 구체적으로 얘기할 생각이 없고, 원인보다 이 결과 자체가 중요하다고 본다. 원인보다는 결과가 이 나라의 현실을 더 잘 설명해 주지 않을까 싶다. 원인은 나보다 똑똑하신 분들께서 충분히 잘 설명을 해놓은 자료가 많을 거라 믿고, 내가 섣부르게 그 원인을 얘기한다면 오히려 이 객관적인 숫자에 기반한 나의 얘기를 의심하는 목소리와 생각만 늘어날 것이라 판단되기도 한다.

단지, 좀 신기하다는 생각은 든다. 해당 지표상에서 가장 낮은 초과 사망을 보인 일본은 마스크를 국가 차원에서 의무화한 적이 없다. 국민들이 몇 명이 모이건 제한을 한 적도 없다. 백신패스를 도입한 적도 없다. 백신을 강제하지도 않았다. 영업시간을 강제하지도 않았다. 단지 정부의 권고 조치만 있었을 뿐이고 나머지는 민간에서 알아서 자율적으로 행동했었다. 일본의 그런 방역 조치 미비를 근거로 한국의 언론들에서는 일본의 의료가 붕괴한다는 얘기를 종종 유통시켰고, 일본이 얼마나 방역 조치 및 팬데믹 대응을 조롱하는 사람들도 많았다. 그런데 정작 팬데믹 기간 동안 전염병 등의 영향으로 인해 예년보다 더 많이 죽은 사람, 즉 초과사망이 한국보다 적다고 한다.

한국은 어땠는지 조금만 다시 생각해 보자. 마스크는 의무였고, 사람 여럿이 모이는 것도 막았으며, 백신패스를 도입해서 미접종자의 사회활동을 막았고, 군이나 공공기관 등에서는 사실상 반강제로 백신을 맞췄다. 영업시간의 제한이 당연했다는 사실도 빼놓을 수 없다.

한번 다시 생각해 봐야 할 필요성이 있지 않을까 싶다. 이 현상이 신기한 것일지, 아니면 우리가 봐오던, 사실이라고 믿고 주입 받은 정보들이 '신기루'에 지나지 않았을지를 말이다.

분명 효과가 있을 것이라 믿고 따랐는데, 분명 국민들의 희생을 최소화하는 조치라고 믿고 따랐는데, 사망자라는 가장 중요한 결과에서 일본, 대만은 물론이고 프랑스보다 더 많은 사망자가 발생했다는 결과로 이어졌다는 사실은 가볍게 지나가서는 안 될 것 같다.

여기까지 읽었음에도 해당 통계에 의구심을 자아내거나 믿지 못하시는 분들이 있을 수 있다. 분명, 해당 통계는 완벽하지 않을 수 있다. 하지만, 한국에서 초과사망자 수가 상당수 있었단 사실은 부정할 수 없고, 아무리 한국의 수치를 조금 더 낮춰 잡아주고 다른 국가들의 수치를 높여준다고 하더라도, 한국이 비교국가(프랑스, 대만, 일본)보다 더 많거나 비슷한 수준의 초과사망자 수를 기록한 수준 이상으로는 보기 힘들다.

그렇다면 적어도 이를 자랑스러워하거나 '잘'한 일이라고만 평가할 수는 없지 않을까?

아직도 많은 국민들이 K-방역을 자랑스럽게 기억한다. 전 세계의 모범이 되는 방역 조치를 취한 나라로 모두가 배우지 못해서 아쉬워하고 우리의 국민성을 부러워했다고 말이다. 이 글을 읽는 사람들만이라도 이제는 진실된 숫자를 보았으니 조금은 그 생각이 달라지길 기대해 본다. 우리가 들어왔던 신기루 같은 얘기들이 아니라, 진실에 기반한 생각으로 말이다.

2장

문제의 나라

1 대한민국 소멸 보고서

» **대한민국 완전히 망했네요!**

'대한민국 완전히 망했네요! 와!'

2023년에 인터넷을 달궜던 한 장의 사진이 있다. 한국의 낮은 출산율과 관련한 다큐멘터리에서 한 외국의 교수님이 놀라며 하는 반응을 담은 사진이다. 외국에서 보기에도 한국의 인구문제가 심각해 보인다는 얘기를 하고자 했던 것 같다. 문제는 그 반응은 합계출산율 0.78을 찍던 2022년 데이터를 바탕으로 한 반응이란 점이다.

책을 쓰는 시점까지의 뉴스들을 종합해 보면, 출산율은 더욱 낮아질 전망이다. 나는 해당 사진을 보면서 생각했다. '아직 놀라실 만한 사실들이 더 많은데…'하고 말이다.

앞서 얘기한 코로나 사망자 증가의 영향인지 한국은 유엔 경제사회국(DESA)의 2019년 6월 발표에서 2025년에 총인구가 감소한다는 전망이 무색하게도, 2020년을 정점으로 하락하기 시작했다. 게다가 기대수명도 줄어들었다. 2022년 출생아의 기대수명은 2021년의 83.6세에서 0.9세 감소한 82.7세를 기록했다.

통계작성 사상 처음 있는 일이라고 하니, 이 또한 헌정 사상 최초, 초유의 일이라고 봐야겠다. 정부가 수립되고 집계를 시작한 이래로 처음 발생한 '인구감소'이기도 하니, 요즘 대한민국은 역사상 처음 겪는 사회경제적 현상이 조금은 지나치게 많다는 생각도 들기 시작한다.

저출산 문제는 내가 굳이 숫자로 보여주지 않아도, 본 책에 서술된 다른 주제들에 비해서 언론 등을 통해 상세히 자주 다뤄진 사안이기에 그 현황을 독자분들이 다른 주제들에 비해서 비교적 많이 알고 있을 것이다. 그래도 워낙 중요한 문제이고, 한국사회를 지금과는 완전히 다른 모습으로 바꿀 수 있는 현상이다 보니, 다루지 않을 수 없었다. 특히 매년 세계 최저의 출산율 기록을 경신해 가며, 해외의 주목을 받는 주제이기에, 빠질 수 없는 내용이었다.

조금은 뻔한 얘기가 될 수 있지만, 최대한 지루하지 않게 실어보도록 노력해 봤으니, 식상한 주제여도 잠깐 인내해 주시길 바란다.

먼저, 합계출산율부터 살펴보자. 합계출산율이 2.1 정도가 유지되어야 현재 인구가 장기적으로 감소하지 않고 유지될 수 있다는 얘기들을 많이 들어봤을 것이다. 합계출산율은 여성이 평생의 가임기간에 걸쳐

출산하리라고 예상되는 출생아의 숫자를 얘기한다. 인구가 유지되기 위해서 2.1의 합계출산율이 필요한 이유는, 첫째로 여성만 임신이 가능하기 때문이고, 둘째로, 일반적으로 태어나는 출생아의 성비가 조금이나마 남성이 더 높기 때문이고, 셋째로, 태어난 출생아가 출산율에 기여하기 전에 세상을 떠나는 경우가 있기 때문이다.

그러니, 현재 대한민국의 인구구조와 인구규모를 유지하기 위해서 2.1의 합계출산율이 필요하고, 이 말인즉, 여성 1명당 평균 2.1명의 아이를 평생에 걸쳐 출산해야 한다는 의미이다.

그렇다면 다들 이미 많이 본 적이 있겠지만, 한국의 합계출산율은 현재 어떤 상황일까?[18]

합계출산율

18 통계청, 「인구동향조사」, 2022, 2024.01.10, 시도/합계출산율, 모의 연령별 출산율

연도별 합계출산율(가임여성 1명당 출생아 수)

2010	2011	2012	2013	2014	2015	2016	2017	2018	2019	2020	2021	2022
1.226	1.244	1.297	1.187	1.205	1.239	1.172	1.052	0.977	0.918	0.837	0.808	0.778

시작이 좋지 않다. 2010년부터 시작되는 자료를 가져왔는데, 시작부터 1.226이라는 너무나도 낮은 숫자가 나온다. 2012년에 1.297로 1.3에 거의 근접하였으나 다시 또 고꾸라져서 2013년에는 1.2도 아닌 1.1대로 추락하고 만다. 다행스럽게도 2014년에 다시 1.2대로 올라오고 2015년에도 소폭 상승하지만, 2016년에 1.1대로 다시 돌아가더니 2017년에는 1.0대로, 기어이 2018년부터는 앞의 1이라는 숫자마저 사라져 버린다. 2022년에는 0.778이라는 외국의 대학교수님께서 '대한민국 완전히 망했네요!'하고 놀란 그 숫자가 등장한다.

앞서 합계출산율이 2.1 정도가 되어야 현재 인구를 유지한다고 했는데, 2022년에 2.1의 3분의 1 수준밖에 이르지 않으니, 대한민국 인구가 장기적으로 현재의 3분의 1 수준으로 줄어든다는 얘기가 되는 것 같다.

당연히 그렇게 간단하게 맞아 떨어지지는 않지만 인구가 꽤나 빠르게 감소한다는 사실은 동일하다. 구체적으로 한국의 미래인구가 어떻게 변화할지 예상해 보기 위해서 통계청이 2023년 발표한 '장래인구추계: 2022~2072년'을 보자.[19]

---

19 통계청, 장래인구추계: 2022~2072년, 2022, 2023.12.13

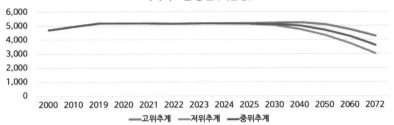

시나리오별 총인구(만명)

	2000	2010	2019	2020	2021	2022	2023	2024	2025	2030	2040	2050	2060	2072
중위추계	4,701	4,955	5,176	5,184	5,177	5,167	5,171	5,175	5,168	5,131	5,006	4,711	4,230	3,622
고위추계						5,167	5,172	5,185	5,188	5,215	5,244	5,095	4,740	4,282
저위추계						5,167	5,171	5,166	5,150	5,051	4,774	4,333	3,742	3,017

1960년도부터 2019년까지의 실제 총인구수와 2022년부터 2072년까지 예상되는 인구추계 예측치이다. 고위, 중위, 저위 추계로 구분된다. 일단은 간단하게 낙관적인 예측이 고위, 비관적인 예측이 저위, 그 중간 정도가 중위라고 이해하고 넘어가고 숫자부터 살펴보자.

다행인 것일까? 인구가 우리 생의 와중에는 급격하게 3분의 1로 줄어들지는 않는 모양이다. 가장 안 좋은 시나리오인 저위 추계 시나리오를 바탕으로 한다고 해도, 2072년까지 가까스로 3,000만 명 이상을 유지한다. 낙관적인 상황으로 간다면 2072년에도 4,282만 명이라는 거대한 인구를 유지할 수 있다고 한다. 어쩌면 별문제도 아닌 일로 호

들갑을 떨고 있을 수도 있을 테다.

만약 고위추계가 맞아 2072년까지 4,282만 명으로 유지할 수 있다면, 현재 인구수에서 1,000만 명도 줄지 않는 것이다. 이 시나리오대로라면 생각보다 대한민국에 미치는 인구감소의 영향이 크지 않을 수도 있다.

그런데, 고위추계, 중위 추계, 저위 추계의 차이가 굉장히 크다. 한 단계 내려갈 때마다 600만 명씩 떨어지니 만약 저위로 간다고 한다면, 불과 50여 년 만에 인구의 약 40%가 사라지니, 인구감소가 사회와 경제에 주는 충격이 작지 않을 것이다.

우리는 실제로 어떤 방향으로 나아가고 있는지를 좀 더 자세하게 살펴봐야만 한다. 먼저 고위 추계가 어떤 가정인지를 한번 살펴보자.[20]

	고위가정	
시점	2025년	2072년
합계출산율	0.75명	1.34명
기대수명	85.1세	92.2세
국제순이동자수(인구 유입)	12만 6,000명	11만 3,000명

2025년의 합계출산율을 0.75명으로 가정하고 2072년까지 2025년의 거의 2배에 달하는 1.34명까지 상승한다는 가정을 하고 있다. 기대수명과 인구 유입에 대해서는 모르겠다고 하더라도, 이 글을 읽고 있

---

20 통계청, 장래인구추계: 2022~2072년, 2022, 2023.12.13

는 많은 독자분들이 합계출산율의 가정에 대해서는 분명 할 말이 많으실 것이라 생각된다.

당장 위에서 본 최근 10여 년 동안의 합계출산율 추이만 보더라도 계속해서 하락만 해왔다. 그런데 어째서 통계청에서는 대한민국의 출산율이 50년이 안 되는 기간 동안 급격한 상승으로 2배에 가까운 수치에 도달할 것이라 가정하는 것일까? 여기서 우리는 큰 의문을 갖게 된다.

» 현실 부정

우리가 갖고 있는 이 의문에 대해서 조금 더 깊게 살펴봐야 한다. 검증이라고 하기에는 거창하겠지만, 이 숫자대로 이어질지에 대한 의문이 많으실 테니 과거의 사례부터 살펴보자. 어쩌면, 통계청에서 그간 출산율 가정에 대해서 매우 잘 맞춰왔기에, 그 자신감에서 이런 출산율 반등의 시나리오를 짜고 있는 것일 수도 있다. 만약 통계청의 가정이 여태까지 잘 맞아왔다면, 출산율이 반등할 것이란 시나리오도 타당할 것이고, 대한민국의 인구감소가 큰 문제로 번지지 않을 가능성이 있다.

그렇기에 찾아봤다. 통계청 홈페이지에서 2011년부터 해온 장래인구추계 자료를 찾아냈다. 2011년 12월 7일 자로 게시된 해당 게시물의 제목은 '장래인구추계 2010~2060'이다. 이 자료의 총인구 추정과 출산율 가정을 한번 보자.[21]

---

21 통계청, 장래인구추계: 2010년~2060년, 2011, 2011.12.07

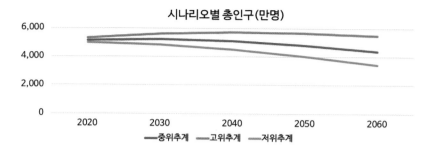

시나리오별 총인구(만명)

가정별 총인구(만 명)

	2020	2030	2040	2050	2060
중위	5,143	5,216	5,109	4,812	4,395
고위	5,317	5,609	5,714	5,661	5,478
저위	4,982	4,826	4,516	4,027	3,446

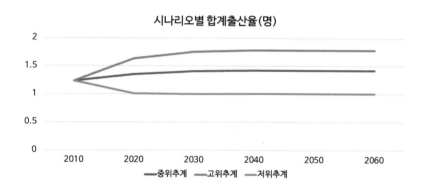

시나리오별 합계출산율(명)

가정별 합계출산율(가임여성 1명당 출생아 수)

가정	2010년	2020	2030	2040	2050	2060
중위		1.35	1.41	1.42	1.42	1.42
고위	1.23	1.63	1.76	1.79	1.79	1.79
저위		1.01	1.00	1.01	1.01	1.01

통계청이 2011년에 게시한 인구추계의 시나리오별 총인구수를 보면, 고위추계에서는 2040년까지 인구가 늘어나서 대한민국의 총인구가 5,715만 명을 기록한다고 하고, 중위 추계에서는 2030년에 5,216만 명을 찍고 저위에서는 2010년대에 5,002만 명을 찍고 내려온다고 한다. 현재 우리가 2024년이 되었으니, 해당 가정들 중에서 우리는 중위와 저위 사이에 있고, 고위 추계는 너무나도 많이 틀렸음을 쉽게 알 수 있다. 그렇다면 합계출산율은 어떨까?

합계출산율 가정을 바라보면, 총인구에서 보았던 현실과의 차이보다도 더 큰 괴리가 있음을 쉽게 알 수 있다. 2020년에 실제 출산율은 0.84명이었다. 헌데, 저위추계 가정조차 2020년에 1.01을 가정했다. 고위추계에서는 2020년에 1.35명을 가정하고, 2060년에 1.42를 가정했는데, 현재 출산율의 약 2배 수준이다. 이는 완전히 실패한 가정이라고 볼 수 있다. 적어도 합계출산율에 한해서는 많이 틀렸다는 말이다.

혹시 너무 오래된 자료를 가져왔기에 괴리가 큰 것일 수도 있다. 10년도 더 된 추계이니 이를 바탕으로 통계청의 통계가 잘 맞지 않는다고 하면 다소 억울할 수도 있겠다. 그렇기에 가장 최근 자료 직전의 자료를 살펴보기로 했다. 최근에 장래인구추계를 발표하는 간격이 원래 5년 단위에서 2년 단위로 바뀌었다고 한다. 덕분에, 책 집필 시점인 2024년에서 불과 3년도 안 된 시점인 2021년 12월 9일에 게시된 '장래인구추계: 2020~2070년'을 활용할 수 있었다.[22]

그럼 바로 살펴보자. 총인구 추계와 합계출산율의 가정이다.

---

22 통계청, 장래인구추계: 2020년~2070년, 2021, 2021.12.08

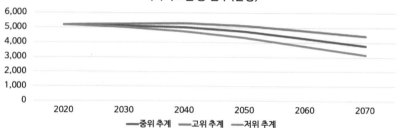

시나리오별 총 인구(만명)

시나리오별 총인구(만 명)

시나리오	2020	2030	2040	2050	2060	2070
중위 추계	5,184	5,120	5,019	4,736	4,262	3,766
고위 추계	5,184	5,244	5,293	5,150	4,805	4,438
저위 추계	5,184	5,015	4,755	4,333	3,752	3,153

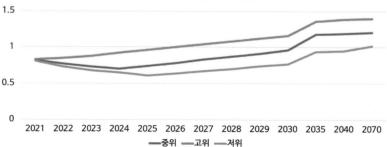

시나리오별 합계 출산율(명)

시나리오별 합계출산율(가임여성 1명당 출생아 수)

	2021	2022	2023	2024	2025	2026	2027	2028	2029	2030	2035	2040	2070
중위	0.82	0.77	0.73	0.70	0.74	0.78	0.83.	0.87	0.91	0.96	1.18	1.19	1.21
고위	0.83	0.85	0.88	0.92	0.96	1.00	1.04	1.08	1.12	1.16	1.36	1.39	1.40
저위	0.81	0.73	0.68	0.65	0.61	0.64	0.67	0.70	0.74	0.77	0.94	0.95	1.02

금방 살펴봤던, 10년도 더 전에 나온 추계보다는 현재와 비슷한 상태를 보여준다. 당연히 5년도 안 지난 추계이니 비교적 최근의 데이터는 현실과 일치하길 기대할 수 있다. 헌데, 가만히 살펴보면 가장 최근에 나온, 지금 보여드리는 추계의 2년 후인 2023년에 나온 데이터와 차이가 조금 발생한다. 지금 보고 계신 표에서는 고위, 중위, 저위의 총인구가 2070년에 각각 4,438만 명, 3,766만 명, 3,153만 명이다.

하지만, 아까 보여드린 2023년 추계에서는 2072년에 각각, 4,282만 명, 3,622만 명, 3,017만 명으로 바뀌었다. 최종시점에 2년의 차이가 있지만, 각 시나리오별로 수십만~백만이 넘게 인구가 더 감소할 것으로 보았다는 얘기이다. 즉, 통계청이 새롭게 추계를 할 때마다, 대한민국의 인구전망은 장기적으로 적게는 수십만에서 많게는 백만이 넘도록 뚝뚝 떨어지고 있다는 얘기이다.

이렇게 전망이 변하는 이유는 무엇일까? 여러 가지 요인이 있겠지만, 2011년에 이뤄진 추계를 바탕으로 생각해 보자면, 현실과 너무나도 동떨어진 합계출산율이 어느 정도 역할을 한 것으로 보인다.

지금 보고 계신 2021년에 나온 추계에서의 합계출산율 가정만 보더라도, 2023년에 나온 추계의 합계출산율 가정과 큰 차이가 난다. 2021년에 나온 추계의 고위에서는 2020년 이후 바로 상승한다고, 중위와 저위에서는, 2024년과 2025년에 저점을 찍고 상승한다고 봤다.

하지만, 2023년에 나온 추계에서는 고위에서조차도 바로 상승한다는 가정을 하지 않았고, 중위와 저위에서 상승을 시작하는 시기가 1년씩 뒤로 밀렸다.

헌데 잠깐, 다시 한번 얘기를 돌아보자. 최근에 나온 추계에서도 합계출산율이 반등한단다. 2024년이냐, 2025년이냐, 2026년이냐의 차이이고 그 저점이 언제인지가 다를 뿐이지 반등한다고 가정을 하고 있다. 그런데 이 가정이 맞았던 적이 여태까지 없었다. 2011년에 나온 자료를 봤을 때도 지금까지 살펴본 바로는 통계청이 가정하는 대로 출산율이 반등한 사실이 없었다는 말이다. 과연 이번에야말로 통계청의 추계가 정확히 들어맞아 출산율 반등에 성공해서 적게는 0.82에서 높게는 1.34까지 장기적으로 합계출산율이 올라가 줄까? 아니면 여태까지 그래온 것처럼, 통계청의 가정과 추계를 무시하고 계속해서 합계출산율이 하락할까? 독자분들의 생각이 궁금해진다.

나도 이게 궁금해서 주변에 또래들에게 물어보기도 했다. 결과는 당연히 후자였지만, 내 또래들보다 더 젊은 세대들에 관한 것이니 그 세대들은 혹시 모른다. 출산에 적극적일지도 모르는 일이다. 통계청이 보기에는 지금 청년보다 어리고 젊은 세대들이 현재의 결혼적령기에 진입한 청년세대보다 더 활발한 출산을 할 것이라고 보고 있나 보다.

출산율이 반등하면 분명 좋은 일이고, 한국이라는 나라의 미래를 생각한다면 반드시 상승해야 할 것이라고 생각할 수도 있겠다. 출산율이 지금 추세처럼 꾸준히 하락할 것을 가정하고 시나리오를 작성하면 너무나도 절망적인 숫자만을 담게 될 것이 분명하니, 이해 못 하는 바는 아니다. 그리고 아무리 한국사회가 저출산이 가속된다고 하여도 지금 수준 자체가 비현실적인 수치이다 보니, 계속해서 하락만 한다는 가정이야말로 역으로 비현실적이라 생각했을 수도 있다.

조금은 억울한 면도 있을 수 있다. 그러니 해당 통계청의 출산율 추계가 여태껏 얼마나 잘 맞아왔는지를, 과거의 다른 추계자료도 보면서 저 반등의 가정이 얼마나 타당한지 조금만 더 살펴봐 주자. 또 혹시 모른다. 통계청 외의 다른 기관에서의 추계도 있을지 모르니 그런 것도 한번 찾아보면 좋겠다.

» 3,000만 국민, 2,000만 국민

이번에는 2019년에 만들어진 추계를 살펴보자. [23]

시나리오별 합계출산율(가임여성 1명당 출생아 수)

	2017	2020	2025	2030	2035	2040	2045	2050	2055	2060	2065	2067
중위	1.05	0.90	1.00	1.14	1.22	1.27	1.27	1.27	1.27	1.27	1.27	1.27
고위	1.05	1.06	1.23	1.38	1.44	1.45	1.45	1.45	1.45	1.45	1.45	1.45
저위	1.05	0.81	0.84	0.97	1.03	1.09	1.10	1.10	1.10	1.10	1.10	1.10

23 통계청, 장래특별인구추계: 2017~2067년, 2019, 2019.03.27

2019년에 발표된 2017년~2067년의 인구추계에 나오는 합계출산율 가정이다. 2020년의 합계출산율은 앞서 보여준 바와 같이, 0.84에 불과하다. 벌써부터 당시 중위추계보다 낮으며, 저위추계에 가깝다.

무엇보다 문제인 점은, 2020년 이후로 출산율이 반등한다고 가정했다는 사실이 될 것이다. 2025년에 는 저위추계 기준으로도 출산율이 0.84로 반등한다고 한다. 우리가 2022년에 0.778의 출산율을 기록했음을 알고 있으니, 2025년에 0.84가 되려면 2023년부터 출산율이 반등해야 그 가능성이 커질 것이다. 그러니 한번 2023년의 출산율이 어느 정도가 될지 살펴보자.[24]

월별 출생아 수(전국, 명)

	2023.01	2023.02	2023.03	2023.04	2023.05	2023.06	2023.07	2023.08	2023.09
출생아수	23,179	19,939	21,138	18,484	18,988	18,615	19,102	19,102	18,707

2023년 9월까지의 출생아 수 = 17만 7,136명

책을 집필 중인 시점에 이용 가능한 통계를 모아보니 2023년 9월까지의 누적 출생아 수까지가 최선이었다. 그 수는 약 18만 명 수준이다. 통상 4분기는 출생아 수가 1~3분기에 비해 적어지는 법이다. 게다가 올해

---

24 통계청, 「인구동향조사」, 2023.09, 2023.12.11., 월, 분기, 연간 인구동향(출생, 사망, 혼인, 이혼)

1~3분기의 출생아 수는 2022년의 동일 분기에 비해서 전부 감소하였다.

낙관적으로 생각해서 2022년의 4분기 출생아 수와 2023년의 4분기 출생아 수가 동일하다고 하더라도 2023년의 총 출생아 수는 24만 명을 넘기지 못하고 23만 명을 간신히 넘기는 수준에 그치게 된다. 만약 올해 4분기에서도 1~3분기에서 보여준 것처럼 전년 대비 최소 4,000명 이상의 출생아 수 감소가 발생한다면, 전체 출생아 수가 23만 명을 못 넘기는 상황도 가능하다.

2022년의 출생아 수가 24만 9,000여 명으로, 합계출산율의 모수가 되는 2023의 가임여성의 수가 기하급수적으로 줄어들지 않았다면, 출산율 또한 아마 감소했을 것이다. 계산의 편의를 위해, 가임여성의 수가 비슷하다고 가정하면, 2022년의 0.788이란 출산율에서 2023년에는 0.73 정도로의 감소가 예상된다. 아마도 책을 출간한 시점 직후에는 2023년의 전체 출생아 수와 합계출산율 데이터가 나와 있을 테니 비교해 보시면 좋을 것 같다.

결국, 2019년에 발표된 합계출산율에 대한 가정은 불과 5년도 못 가서 틀리게 되었다.

2019년에 발표된 추계에 대해서 내가 얘기하지 않은 사실이 하나 있다. 원래 장래인구추계는 5년 주기로 공표되는데, 2019에 특별히 통계청에서 '최근 초저출산 상황을 반영해 특별추계를 공표'하게 되었다고 한다. 그래서 이름도 '장래인구특별추계: 2017~2067년'으로, '특별'이란 말이 들어간 것이다.

그러면 또 궁금해진다. 않은가? 2019년 추계 전에 있었던 추계를 바로 찾아보게 만드는 문구이다. 그래서 2016년에 발표된 '장래인구추계: 2015~2065년'의 합계출산율 가정도 가져와 봤다.[25]

시나리오별 합계출산율(명, 가임여성 1명당 출생아 수)

	2015	2020	2025	2030	2035	2040	2050	2065
중위	1.24	1.24	1.28	1.32	1.36	1.38	1.38	1.38
고위	1.24	1.38	1.50	1.57	1.62	1.64	1.64	1.64
저위	1.24	1.10	1.07	1.07	1.10	1.12	1.12	1.12

2020년의 합계출산율을 저위 시나리오조차 1.10으로 가정하고 있다. 실제 값은 0.84에 그쳤으니, 실제보다 무려 30%나 과다추계를 한 셈이다. 중위 값으로 비교하면, 47%나 과다추계를 했으니 추계가 5년 만에 아무런 의미도 없는 셈이 되었다.

5년 단위로 나오던 추계가 갑자기 특별추계가 만들어지더니 최근에는 2년 단위로 발표하게 된 이유가 여기에 있는 것 같다. 추계를 새로 할수록 출산율이 뚝뚝 떨어지고 있다. 출산율이 기존 추계보다 훨씬 더 많이 떨어지다 보니 기존 추계상의 출산율 가정이 무의미해져 새롭게 추계를 짜게 된 것 같다는 의심이 든다.

그렇다면, 가장 중요한 미래의 실제 인구는 어떻게 될 것인가? 미래는 아무도 모르니, 섣부르게 단정할 수는 없을 것이다. 어쩌면 통계청

---

25 통계청, 장래인구추계: 2015~2065년, 2016, 2016.12.07

의 2023년 공표대로 합계출산율이 수년 내로 극적으로 반등하여 조금은 완화된 인구감소를 볼 수도 있다.

어쩌면 외국인들의 이민이 급격하게 늘어서 인구가 되려 증가할 수도 있겠다. 어쩌면, 노화 역행과 영생이 가능해질 정도로 과학기술이 발전해서 오히려 무한한 인구증가가 발생할 수도 있다.

헌데, 일단은 현재까지의 역사와 숫자들에 바탕해서 봐야 한다. 공상과학의 영역으로 넘어가면 어떤 추계나 전망도 무의미해질 것이다.

지금까지 살펴본 바로는, 가장 최근에 통계청에서 나온 인구추계의 저위추계(2072년까지 3,000만 가까스로 유지)조차 달성 가능할지가 의문이다. 솔직하게 표현하자면, 지금까지 살펴본 결과로는 어쩌면 더 빠르게 3,000만 국민이라는 말이 나올지도, 아니, 3,000만이 붕괴할지도 모른다는 생각이 강하다.

안 그래도, 통계청 추계 외에 가장 최근에 나왔던 국회입법조사처의 전망에서는 2070년경에 3,000만이 붕괴할 것이라고 본 바가 있다.[26]

국회입법조사처의 인구추계(단위: 만 명)

	2023	2033	2045	2055	2072	2073	2123
저위	5,129.3	4,876.8	4,294.2	3,605.6	2,426.8	2,364.9	5,14.1
중위	5,129.3	4,911.7	4,384.5	3,731.0	2,611.1	2,552.8	7,59.4
고위	5,129.3	4,909.5	4,451.0	3,892.5	2,905.7	2,857.2	1,519.3

---

26 국회입법조사처, 정책 146호, 인구감소 적시 대응을 위한 출산율, 이동률별 인구변화 (2023-2123), 2023, 2023.12.29

통계청에서 새롭게 추계가 나올 때마다 계속해서 미래인구가 줄어드는 대한민국, 그것도 5년, 10년 단위로 통계를 낼 때마다 줄어드는 게 아니라, 최근에 와서는 고작 2년 단위 통계를 내는데도 수십만에서 백만이 넘게끔 팍팍 줄어든다. 만약 이 현실적인 추세가 이어진다면 어떻게 될까?

　학교가 폐교한다는 소식이 요즘 연일 들려온다. 학생이 감소하여 학생 수 대비 교원의 숫자는 늘어나고 있다. 대학들은 어떻게 될까? 지방 학교들은 어떻게 될까? 발령 대기 중인 교원들은 어떻게 될까? 이 모든 것이 불분명하다.

　더 나아가 보면 더 심각한 질문도 가능하다. 지금 보여드린 숫자는 총인구와 관련된 숫자에 불과하다. 당연히 저출산 사회이기에 노인의 비율도 지금보다 훨씬 늘어날 예정이다. 게다가, 이토록 급격한 출산율 하락과 고령화를 겪어본 나라는 지구상에 아직까지 존재하지 않는다. 대한민국 경제는 생산가능인구(15세~64)가 급격하게 감소하는 와중에 멀쩡하게 작동 가능할까? 경제문제에만 국한되면 또 차라리 다행이다.

　젊은 성인 남성들을 징병하여 유지되는 현재의 군대가 어떻게 될까? 청년 대비 훨씬 많아지는 노인들은 누가 부양할까? 대한민국의 미래를 밝게 보고 대한민국 땅에서 투자해 줄 사람들이 나올까? 혹여 노인 부양비가 급격하게 늘어 부담을 느끼다 못해 대한민국을 버리고 도망가는 청년들이 나오지는 않을까? 등등 급격한 인구감소가 어떤 미래를 가져다줄지는 정확하게 모른다.

통계청과 입법조사처의 전망 및 추계와 그간 추계를 새로 할수록 전망되는 인구가 줄어들었다는 사실을 종합해 보면 미래에 대한민국 인구가 어느 정도 될지에 대한 대략적인 생각은 해볼 수 있다. 2070년경, 한국의 인구는 2,000만에서 3,000만 사이. 65세 이상 인구비율은 50%에 육박하거나 그 이상. 긍정적으로 가정하더라도 지금 추세대로라면 벌어질 미래이다.

우리가 여태까지의 추세를 뒤집고 예상 밖으로 잘해낸다면, 우리가 출산율도 다시 높인다면, 2070년경에 간신히 3,000만을 유지하고 65세 이상 노인 인구비율을 50% 선에서 억제할 수 있을 것이다. 출산율이 앞으로 한참 반등해야 그 정도의 결과가 나온다고 통계청이 추계에서 써주었다.

모두들 많은 힘을 내셔야겠다. 특히 결혼과 출산 적령기에 놓여 있는 청년들이 말이다. 그렇다면 이제는 구체적으로 인구문제와 결부되어 한국에 다가올 구체적이고 거대한 문제를 짚어보러 넘어가 보자.

2 K-복지의 예정된 결말

» 피할 수 없는 연금고갈

2055년, 누군가 나에게 대한민국의 경제가 붕괴할 가능성이 가장 높은 해를 묻는다면 현재로써는 이 해를 꼽을 것이다. 2023년에 발표된 제5차 국민연금 재정계산 재정추계결과에 따른 국민연금의 고갈시점이 바로 2055년이기 때문이다.[27]

재정수지 전망

구분	최대적립기금 시점	수지적자 시점[28]	기금소진 시점
5차 재정계산	2040년(1,755조 원)	2041년	2055년
4차 재정계산	2041년(1,778조 원)	2042년	2057년

---

27 국민연금 재정추계전문위원회, 제5차 국민연금 재정계산 재정추계결과, 2023, 2023.03

28 수지적자 시점은 당년도 지출이 총수입(보험료 수입 + 기금투자수익)보다 커지는 시점

2055년이면 아직 30년하고도 더 시간이 남아 있다. 최근에 국민연금을 개혁하겠다는 목소리고 나오고 있으니, 어쩌면 신경 쓰지 않고 살아도 별문제는 없을 수 있겠다는 생각을 하실 분들이 분명 있으리라 생각한다. 아니면, 그 시점에 자신은 세상에 이미 없는 사람이 되어 있을 테니 문제가 없다고 생각할 수도 있다.

이 문제를 해결하지 않을 시, 국가재정에 상당한 악영향을 줄 것으로 예상되어, 기대되는 국가경제에 대한 악영향에 의해 미리부터 경제에 큰 타격이 있을 수도 있지만, 단순히 국민연금을 받을 수 있는지 없는지의 문제로 본다면 기금이 소진하기 전에 사망할 것으로 예상하시는 분들께서 기금소진을 걱정하지 않는다고 해서 무어라 할 수 없을 것이다.[29]

연령별	기대여명
20	63.1
25	58.2
30	53.4
35	48.5
40	43.7
45	38.9
50	34.2
55	29.6
60	25.1
65	20.7
70	16.6
75	12.6
80	9.1

현재 55세인 분들은 통계청에서 제공해 주는 연령별 기대여명에 따르면 2022년 기준으로 29.6년 정도가 남은 것으로 계산되니 개인 관점으로만 보았을 때, 국민연금의 현행 구조를 적극적으로 바꾸고자 노력할 유인이 없다고 볼 수 있겠다.

물론 그분들께서 이후 국민연금을 받아야 할 세대들을 전부 무시하시고 자신들의 세대만을 위하는 집단 의기주의를 보여주시리라고는 생각되지 않는다. 하지만, 적극적으

---

29 통계청, 「생명표」, 2022, 2024.01.11, 간이생명표(5세별)

로 나설 유인은 청년들에 비해 적다고 보는 게 맞지 않나 싶다.

그렇다면, 문제는 55세 미만의 사람들이다. 이 사람들은 해당 문제에 대해서 분명 잘 이해하고 있어야만 하고, 국민연금이 고갈되는 상황에 대한 고민과 대비를 하고 있어야 정상이지 않을까 싶다.

어떤 분들은 '그래서 고갈이 되면 뭐가 문제냐.'라고 반문할 수도 있다. 고갈되어도 아무 문제가 없다면 굳이 쓸데없이 국민연금에 대해서 알아둘 필요가 없다. 그런 분들을 위해서 국민연금이 고갈되었을 경우에 발생할 문제점들을 시나리오별로 나누어 설명해 보겠다.

그 전에 먼저 현재 국민연금의 지출규모가 우리 경제에 비해서 어느 정도 규모인지를 살펴보고, 대한민국 정부 차원에서 국민연금의 미래를 미리 계산해 본 국민연금 재정추계의 결과에 향후 어떻게 변화할 것으로 예상되는지 그 결과를 살펴보도록 하자.[30]

GDP 대비 급여지출 추이

구분	2023	2030	2040	2050	2060	2070	2080	2088	2093
5차 재정계산	1.7%	2.7%	4.4%	6.3%	7.7%	8.8%	9.4%	9.2%	8.8%
4차 재정계산	1.7%	2.5%	4.1%	5.8%	7.5%	8.9%	9.4%	9.4%	

2023년 기준으로 우리가 국민연금 급여로 수급자분(국민연금을 받으시는 분들)들께 지급하고 있는 전체 액수는 우리 전체 경제의 1.7% 정도

---

30 국민연금 재정추계전문위원회, 제5차 국민연금 재정계산 재정추계결과, 2023, 2023.03

이다. 2022년 한국의 GDP가 약 2,162조 정도이니, GDP의 1.7%면 36조가량이 될 것이다. 앞으로 이 수치는 기하급수적으로 증가하게 된다.

저출산 고령화의 영향으로 국민연금을 납부하는 인구는 줄어들고, 받아야 할 사람은 점점 늘어나기에 2030년에는 2.7%(2022년 GDP 기준 약 58조), 2040년에는 4.4%(2022년 GDP 기준 약 94조), 2050년에는 6.3%(2022년 GDP 기준 약 135조), 2060년에는 7.7%(2022년 GDP 기준 약 165조)… 계속 이어지다가 2080년대에 이르러서야 그 비율이 감소하기 시작한다. 그럼 이 수치를 바탕으로 고갈 시의 시나리오를 살펴보자.

먼저 첫 번째 시나리오다. 국민연금이 고갈되면, 고갈된 이후부터 국민연금을 내는 사람들이 받는 사람들의 돈을 그대로 전부 충당해 주는 방법이다. 기금이 소진되는 시점에서 급격한 보험료율 인상이 발생하는 시나리오인데, 크게 보험료율이 오르지 않는다면 해볼 만한 선택지가 되겠다.

그럼, 기금이 소진된 이후에 국민연금 보험료율이 얼마나 올라가야 지출을 감당할 수 있는지 알아보자. 다행스럽게도, 5차 재정추계 결과에 관련 지표가 있다. 부과방식비용률 지표인데, 이는 기금소진 이후에 당시 국민연금 보험료를 내는 사람들이 국민연금 급여수급자들이 받아야 할 재원을 전부 부담해야 했을 때의 필요한 보험료를 나타내 준다. 바로 살펴보도록 하자.

부과방식비용률(%)

2060년	2070년	2093년
29.8	33.4	29.7

기금이 소진된 이후, 2060년에 무려 29.8%라는 수치를 자랑한다. 현재의 보험료율이 9%이니, 현재 내시는 금액보다 최소 3배가 넘는 보험료를 낸다고 생각하시면 되겠다. 현행처럼 사업주가 절반을 부담하게 되어 근로자 14.9%, 사업주 14.9%가 되겠지만, 사업주들은 당연히 바보가 아니고 그 늘어나는 비용을 근로자들에게 부담시키기 위해 갖은 노력을 다할 테니 아마도 근로자들은 실질적으로 현재 내는 금액의 3배보다도 더 많은 금액을 부담하게 될 것이다.

이후에 2070년에는 33.4%까지 보험료가 올라가야 하고, 2093년에는 다시 줄어들지만 약 30%에 이르는 보험료율 수준은 그대로 유지된다. 이 시나리오대로라면, 2060년 이후에 일하고 있을 사람들은 근로소득세, 건강보험료 등의 다른 지출은 차치하고서도 소득의 최소 14.8%를 매해 떼인다는 얘기이다.

사업주들도 근로자들이 받을 급여의 14.8%를 추가로 납부해야 하니, 경영환경이 악화되는 것은 물론이고 근로자들에게 돌아가야 할 몫이 그만큼은 아니더라도 상응하는 수준으로 적어질 것이다(복리후생의 감소 등을 예상해 볼 수 있다). 그리고 이는 국민연금 단독의 얘기이다. 근로자들이 납부하는 각종 세금과 국민연금을 제외한 4대보험은 제외한 숫자다.

이 시나리오는 미래세대에게 터무니없이 높은 부담만을 안겨주는 말이 안 되는 시나리오이다. 현재 수준의 4대보험료와 현재의 세금조차도 힘들어하는 근로자들이 많다는 점을 미루어 보았을 때, 이는 현실적으로 대한민국이 감당하기 어려운 미래이다.

현재와 같은 임금을 주더라도, 근로자는 현재 받는 돈보다 최소 10%를 국민연금으로 먼저 떼이고 받게 되고, 사업주들은 근로자들에게 주는 돈의 최소 10%를 더 인건비로 지출해야 한다고 얘기하면 이해가 더욱 편하겠다(다시 한번 상기시켜 드리자면, 이는 국민연금 단 하나의 제도에 의해서 추가되는 부담이다).

두 번째 시나리오로 넘어가 보자. 국민연금이 고갈되고 나서 그 비용을 전부 국가가 내는 것이다. 국민연금에 부족한 돈을 국가가 그대로 충당해 준다는 얘기이다. 어쩌면 가장 간단한 해결책일 수도 있다. 굳이 어렵게 국민연금을 바꿀 필요도 없고, 그냥 국가가 나중 가서 돈을 쓰면 되는 방법이다.

그럼 기금이 소진되는 해에 정부가 추가적으로 부담해야 할 지출규모는 위의 표에 나타난 GDP 대비 %를 그때의 GDP에 곱하면 결과가 나올 것이다. 물론, 미래의 경제규모를 섣부르게 예측할 수 없으니 앞서 비교를 쉽게 하기 위해서 2022년의 GDP를 바탕으로 계산한 수치들을 다시 살펴보자(표).

	2023	2030	2040	2050	2060	2070	2080
GDP 대비 급여지출	1.7%	2.7%	4.4%	6.3%	7.7%	8.8%	9.4%
2022년 GDP 기준 환산액	36조 원	58조 원	94조 원	135조 원	164조 원	188조 원	201조 원

(조 미만 반올림)

이 지출규모는 매년 소요될 지출을 나타내는 것이다. 총 누적된 금액이 아니라, 매해 이만큼의 지출이 그해에 가면 발생한다는 얘기다. 이는 결국 이를 메울 만큼의 기금수입과 더불어 세금수입이 필요하다는 얘기이고, 아니면 매년 해당 규모만큼의 빚을 져야 한다는 의미가 되겠다. 감이 쉽게 안 잡힐 수 있으니 비교가 쉽도록 2022년의 GDP를 기준으로 어느 정도의 돈이 더 필요하고, 우리가 부담해야 할지 살펴보자.

먼저 첫 번째 시나리오에서 살펴봤던 필요한 보험료율과 지금의 보험료율의 차이를 바탕으로 전체 소요되는 급여지급액의 몇 %를 기금수입으로 충당 가능한지 살펴보자.

기금이 소진된 이후 2060년에 GDP의 7.7%가 급여로 지출되고, 필요 보험료율은 29.8%이며, 현행은 9%이다. 약 30%를 기금수입으로 부담할 수 있다는 단순 계산이 가능해진다. 이를 바탕으로 2060년에 추가적으로 필요해지는 금액을 2022년 GDP를 기준으로 계산해 보자. 7.7%의 30%를 충당 가능하니 매년 추가되는 새로운 지출은 GDP의 약 5.39%가 된다. 이는 116조 원 규모다. 어느 정도 규모인지 쉽게 한번 살펴보자.

GDP 기준을 2022년으로 잡았으니, 마찬가지로 2022년의 전체 세금 수입(국세수입)이랑 비교해 보자. 2022년의 총 국세수입은 333조라고 나와 있다. 116조는 이 333조의 3분의 1을 조금 넘는다. 우리가 현재 내는 모든 세금의 3분의 1만큼을 더 내야 감당이 가능하다는 얘기이다.

소득세, 부가가치세, 법인세, 상속세, 개별소비세 등등⋯ 이 모든 세금의 세율을 전부 현재 대비 33% 정도 더 올려야 감당이 가능해진다. 우리가 이를 견딜 수 있을까? 조금만 더 이해하기 쉽게 말씀드려 보겠다.

만약 이 재원을 '소득세'라는 하나의 항목으로 해결한다고 해보자. 2022년 기준으로 한국의 소득세 세입은 128조 원 정도 규모이다. 우리가 필요한 돈은 116조이니, 소득세만으로 이를 보충하려면 현재 소득세의 딱 2배를 더 걷으면 되겠다. 현행 최고누진세율이 45%이니 국민연금에서만 나오는 적자를 충당하기 위해서 소득세를 올리는 식으로 대응하면 최고세율을 90%까지 올려야 한다는 얘기이다.

부가세로 대응하는 방법도 있다. 2022년의 부가세 세입은 81조 정도이다. 필요한 금액을 맞추려면 현재보다 2배가 넘는 부가세율을 만들어야 한다. 현행 부가가치세가 10%이니, 20%가 넘는 부가세율을 감당해야 한다는 의미가 되겠다.

물론 만약 국민연금 적자분을 세금을 통해서 보충하게 된다면 단 한 가지의 세금만으로 대응하게 되지는 않을 것이다. 하지만 결국 국민연금이 적자가 나는 시점에 일을 하여 소득을 만들어내거나 소비를 하는 사람들에게 막중한 부담을 지우게 된다는 사실은 변하지 않는다.

내가 보여드린 소득세와 부가세라는 단일 세금항목으로 보충하는 방식의 부담이 너무나도 된다고 느끼셨을 텐데, 어떻게 되었건 그만큼의 부담을 어떤 방식으로건 미래세대가 받게 된다는 얘기다.

만약 못 견딘다는 결론에 이른다면, 어쩔 수 없다. 전부 빚을 지면 된다. 매년 2060년 이후부터 GDP의 5.39% 이상이 새롭게 국가부채로 추가되는 셈이다. 그렇게 계속 빚을 지면서 문제를 회피하는 것도 방법이라면 방법이겠다. 미래세대의 부담을 지우지 않기 위해서 더 먼 미래세대에게 부담을 지우는 식으로 계속해서 이어나가고, 미래세대라는 개념이 더 이상 존재하지 않는 모든 인구가 소멸된 시점까지 문제를 미루면 되겠다.

물론 이것 또한 말도 안 되는 얘기이다. 이미 미래세대의 수가 빠르게 줄어들고 있음을 앞 장에서 살펴봤으니, 결국 대한민국이라는 국가와 한국인의 멸망과 소멸을 빠르게 앞당기는 방법밖에 되지 않겠다. 소멸을 빠르게 앞당기길 원한다면 가장 좋은 방법이 될 수도 있긴 하겠다.

마지막 시나리오는 국민연금을 없애는 것이 되겠다. 기금이 고갈되는 시점에 그냥 국민연금이라는 제도를 없애버리는 것이다. 현재의 청년들이 가장 두려워하는 결과가 되겠지만, 그 한 세대만 희생을 감수하면 되는 문제니 앞선 세대가 희생하지 않아 발생한 문제를 현재의 청년세대가 숭고한 희생정신으로 온전히 다 받아내는 아름다운 모습이 될 수도 있다.

또, 지금의 청년들이 국민연금이 고갈될 상황을 대비해서 다른 노후 준비를 하고 있다면 충분히 감당할 수 있는 희생일 수도 있다.

그럼 현재 청년들의 노후대비가 얼마나 잘되고 있는지 한번 살펴보

자. 가져온 통계는 2021년 통계청의 사회조사 결과의 노후준비 여부 및 방법이다.[31]

〈노후 준비 여부 및 방법〉

(단위: %)	준비하고 있음										준비하고 있지 않음					
	준비하고 있음	소계	국민연금	예금적금	직역연금	사적연금	부동산운용	퇴직급여	주택연금	기타	준비하고 있지 않음	소계	준비능력없음	앞으로 준비할 계획	아직 생각 안함	자녀에게 의탁	기타
2019년	65.1	100	55.2	18.4	8.3	8.4	5.2	3.9	–	0.6	34.9	100	40.1	33.7	17.6	8.6	0.0
2021년	67.4	100	59.1	14.0	8.5	6.5	4.7	3.8	1.6	1.9	32.6	100	36.8	36.2	18.7	8.2	0.1
남자	70.7	100	62.1	11.8	8.7	5.6	4.1	3.9	1.3	2.5	29.3	100	36.0	38.3	21.9	3.8	0.1
여자	64.2	100	55.8	16.4	8.4	7.4	5.2	3.7	1.8	1.3	35.8	100	37.4	34.5	16.2	11.7	0.1
19~29세	40.9	100	61.2	16.9	7.6	5.0	0.6	3.6	0.7	4.4	59.1	100	17.6	41.9	40.4	0.1	0.0
30~39세	74.1	100	60.1	14.7	7.7	7.0	3.3	3.8	0.3	2.9	25.9	100	22.4	56.5	21.0	0.1	–
40~49세	78.5	100	59.5	12.0	8.2	8.9	4.1	3.8	1.0	2.4	21.5	100	30.0	58.5	11.1	0.1	0.2
50~59세	80.0	100	62.7	12.0	8.1	6.2	4.4	3.8	1.6	1.2	20.0	100	45.9	42.0	10.2	1.9	–
60~69세	63.0	100	54.1	15.9	10.1	4.9	7.7	3.7	3.1	0.5	37.0	100	59.2	12.3	4.1	24.1	0.2

안타깝게도, 청년이라고 할 수 있는 19~29세와 30~39세의 노후준비 여부는 각각 40.9%와 74.1%이고, 준비하고 있다는 답변을 한 청년들조차도 60% 이상이 오직 국민연금에 기대고 있다. 물론 추후에 노후 대비를 본격적으로 하는 나이가 되면 조금은 더 나아질 수 있겠지만, 현재 40세 이상의 노후준비 여부와 국민연금 의존도를 보았을 때, 현재의

31 통계청, 2021년 사회조사 결과 (복지 · 사회참여 · 여가 · 소득과 소비 · 노동), 2021, 2021.11.17

2030 세대들이 40세 이상이 되었을 때의 국민연금 의존 수치가 크게 차이가 날것이라 생각하는 것은 지나치게 낙관적인 기대가 아닐까 싶다.

일단 우리가 현재 알 수 있는 사실에 기초하면, 지금 30대의 25% 이상과 20대의 약 60%는 노후대비를 아예 하지도 않고 있고, 하고 있는 청년 중에서도 무려 60% 이상이 국민연금에 의존하는 상황이다. 이런 상황에서, 국민연금이 2055년에 갑작스럽게 사라지기로 결정된다면, 현재 청년들의 노후대비는 말 그대로 전무해진다.

극심한 빈곤 속에서 노후를 보내게 된다는 결말이 현재 청년들에게 그려진다. 방금 마지막으로 살펴본 시나리오는 지금의 청년세대가 국민연금으로 발생하는 모든 부담과 짐을 짊어지고 희생을 각오해야만 하는 시나리오가 되겠다.

이제 더 이상 남은 시나리오는 없다. 적어도 내가 생각하기엔 더 이상 나올 시나리오가 없다. 너무 비관적인 얘기이기에 현실성이 떨어진다고 느낀 사람들도 있으리라 본다. 어쩌면, 기적적으로 국민연금의 상황이 나아질지도 모른다는 생각을 할 수도 있다. 아니면, 5차 재정계산 자체에 문제가 있었을 수도 있고, 이전의 계산보다 개선된 상황일지도 모른다. 그렇다면 국민연금의 고갈 문제에 대해서도 충분히 낙관적인 태도를 유지하면서 여유를 가질 수 있을 것이다. 그 마지막 남은 낙관과 희망에 대해서도 한번 얘기해 보도록 하자.

올해 나온 5차 재정계산이 지나치게 비관적인 전망이거나 어쩌면 과거에 비해서 더 좋아진 상황일 수도 있으니, 이전의 재정계산을 찾아봤다.

먼저, 5년 전에 행해졌던 4차 재정계산의 결과를 살펴보았다. 2018

년에 행해졌던 4차 재정계산에서는 2042년에 기금의 수지적자(기금감소 시작)가 발생하고, 기금소진 시점을 2057년으로 보았다.

그 당시 예상의 2057년 고갈은 지금의 2055년 고갈에 비해서 2년이 더 늦었었다. 그렇다고 해서 4차 재정계산의 결과가 비관적이지 않냐고 한다면, 기금소진 시점이 지금의 5차 재정계산보다 2년 늦을 뿐이고 국민연금이 고갈된다는 사실에는 변함이 없다.

결국 이전의 재정계산도 비관적인 것은 매한가지인데, 시간이 지나고 보니 기존 예측보다 더욱 고갈시점이 빨라져 더욱 비관적인 결과가 나왔다는 얘기이다. 이 정도만 보더라도 국민연금의 고갈 문제가 상황이 낙관적으로 갑작스레 바뀌어 마법처럼 해결될 일을 기대하는 것은 미래에 그다지 도움이 안 될 마음가짐이라고 얘기할 수 있겠다.

아직 낙관론을 포기를 못 할 사람들을 위해 그 이전의 추계도 잠깐 살펴보고 가자. 4차 재정계산의 5년 전에 행해진 3차 재정계산 시절에는 기금소진 시점이 2060년으로, 4차 재정계산보다 3년 더 늦게 고갈된다고 예상을 했었다. 마찬가지로 고갈의 사실은 변하지 않았다.

그리고 이쯤에서 알 수 있는 사실은, 5년마다 새롭게 계산을 할수록 2~3년씩 그 시점이 앞당겨져 왔다는 것이고 그렇다면 국민연금 고갈 문제가 저절로 해결될 일은 요원하다는 의미가 되겠다. 오히려 그 시한폭탄이 점점 더 빠르게 다가오고 있음을 많은 분들이 이제는 이해하리라 믿는다.

그럼 5차 재정계산은 얼마나 정확할까? 3차에서 4차로, 4차에서 5차로 갈수록 점점 고갈시점이 빨라지고 있으니, 우리는 다음 재정계산

시에 더 고갈시점이 앞당겨지지는 않을지에 대해서 고민할 수밖에 없다. 바로, 5차 재정계산에서 가정하고 있는 한국의 미래 상황에 대해 살펴보자.

앞 장의 출산율 문제를 다룰 때, 많은 분들이 봐서 알겠지만 통계청의 향후 인구전망은 장기적으로 한국의 출산율이 현재의 수준에서 반등하여 장기적으로 1.0 이상으로 올라갈 것을 가정한다. 갑자기 이 얘기를 왜 하나 싶겠지만, 눈치가 빠르신 분들을 알 것이다.

맞히셨다. 지금 얘기 중인 5차 재정계산에서도 마찬가지이다. 5차 재정계산에서 사용된 인구 가정은 앞서 소개했던 2021년 발표된 통계청의 장래인구추계를 그대로 인용하여 만들어졌다. 더 얘기하기 전에 이번 5차 재정추계 결과에 적혀 있는 내용 하나를 구경하고 가보자.[32]

> ➡ **4차 재정계산 대비 합계출산율은 하락하고 기대수명은 상승하여 인구구조는 전반적으로 악화**
>
> ⇨ 출산율 하락은 가입자 감소로 이어져 보험료 수입이 감소하고, 기대수명 상승으로 연금수급 기간이 길어져 급여지출은 증가

5차 재정계산을 해보니, 이전의 4차에서 예상했던 것보다 한국의 기대수명이 늘어나고 출산율은 오히려 하락해서 연금의 소진시점이 빨

---

32 국민연금 재정추계전문위원회, 제5차 국민연금 재정계산 재정추계결과, 2023, 2023.03

라졌다는 것을 의미한다. 출산율을 비롯한 인구적인 요소가 국민연금 고갈에 중요한 요소라는 얘기이다.

헌데, 앞 장에서 통계청의 인구 가정이 상당히 낙관적인 기대에 기반함을 보았는데, 그 가정에 기반해서조차도 2055년이면 국민연금이 고갈된다는 결론을 얻었다는 말이다.

즉, 상황이 더 나아지기는 힘들고 아마 더 나빠질 가능성이 과거의 경우를 보았을 때 훨씬 높아서, 미래에 계산을 거듭할수록 고갈시점이 빨라질 가능성이 그 고갈시점이 늦춰질 가능성보다는 훨씬 크겠다.

국민연금의 고갈에는 향후의 대한민국 경제가 어떤 모습을 보이는지도 많은 영향을 끼칠 것임은 조금만 생각해 봐도 알 수 있다. 방금은 출산율로 대표되는 인구구조에 대해서 다뤄봤으니, 이제는 경제전망을 다뤄야 맞는 수순일 테다.

〈거시경제변수 가정〉

구분		'23~'30	'31~'40	'41~'50	'51~'60	'61~'70	'71~'80	'81~추계 기간 말	기간 평균
5차 재정 계산	실질경제성장률	1.9	1.3	0.7	0.4	0.2	0.2	0.3	0.7
	실질임금상승률	1.9	1.9	1.8	1.7	1.6	1.6	1.5	1.7
	실질금리	1.4	1.4	1.3	1.2	1.2	1.2	1.2	1.3
	물가상승률	2.2	2.0	2.0	2.0	2.0	2.0	2.0	2.0
	경제활동참가율	62.5	60.3	57.6	54.9	53.9	53.2	53.4	56.2
4차 재정 계산	실질경제성장률	2.2	1.4	1.0	0.8	0.5	0.6	0.6	1.1
	실질임금상승률	2.1	2.1	2.0	1.9	1.8	1.7	1.6	1.9
	실질금리	1.4	1.5	1.4	1.4	1.3	1.2	1.1	1.3
	물가상승률	2.0	2.0	2.0	2.0	2.0	2.0	2.0	2.0
	경제활동참가율	63.0	59.9	56.1	54.0	52.7	52.2	52.6	56.2

경제 가정도 출산율과 마찬가지로, 4차 재정계산에 비해서 5차에서 대부분의 지표가 악화한 사실을 쉽게 알 수 있다. 특히나 '실질경제성장률'과 '실질임금상승률'이 악화되고 있는 사실은 국민연금을 납부하는 근로자들의 납부하는 금액이 과거 4차에서의 예상보다 5차 예상에서 더 적어질 것을 의미하기에, 또 고갈시점을 당기는 요인으로 작용했으며 미래에도 만약 지금 가정보다 떨어지는 추세가 계속되면 마찬가지로 고갈시점은 더욱 빨라질 것이다. 이는 5차 재정추계 결과 문서에도 밝혀지고 있다.

➡ 4차 재정계산 대비 실질경제성장률, 실질임금상승률은 낮게 전망, 금리, 물가상승률, 기금투자수익률은 4차 재정계산 대비 유사한 수준

⇨ 임금상승률 하락은 단기적으로는 보험료 수입 감소 효과, 장기적으로는 급여지출 감소 효과로 나타남

결국 국민연금이 미래에도 유지될 수 있는지를 판단할 수 있는 모든 부분에서 시간이 지날수록 비관적인 전망과 결과만이 누적되고 있으며, 경제는 차치하고 보더라도 출산율 가정 또한 낙관적인 기대에 기반하고 있기에 더욱 고갈시점이 빨라지는 상황을 우려하지 않을 수 없다는 결론에 이른다.

그렇다면, 우리는 이 미래를 정녕 피할 수 없는 것일까? 이대로만 간다면 현재의 청년세대 혹은 그다음 세대에 너무나도 큰 부담과 짐

을 주게 된다. 그러니 더욱 청년과 미래세대들은 지출이 늘어날 수밖에 없는 선택인 결혼이나 출산을 줄이게 될 가능성이 크고, 다시 고령화가 더 가속되는 결과로 이어져서 악순환만 가중될 것이다. 지금의 2055년 국민연금 고갈 전망도 현재 추세가 이어진다면 희망 사항에 불과하다는 말이다.

다행스럽게도, 국민연금은 많은 사람들에게 그 문제점이 인식되고 있는 덕분에 현재 개혁의 논의가 다른 제도들에 비해서 비교적 활발하다. 앞서 소개했던 재정계산들도 결국 국민연금을 어떻게 바꿔야 할 것인지를 논의하기 위한 근거자료로 쓰이기 위해 만들어진 것이기에, 우리는 국민연금이 바뀌게 될 경우에 대해서도 제한적이나마 의논이 가능하겠다.

일단 결론부터 말하고 넘어가자면, 국민연금의 개혁 등의 변화는 궁극적으로 국민연금의 납부자들 혹은 국가에 세금을 내는 납세자들이 더 부담해야만 하고 그 국민연금을 받는 사람들이 수 자체가 줄어들거나 아니면 그 사람들이 받는 금액을 줄이는 방향이 될 수밖에 없다.

하지만 앞서 살펴본 2021년 통계청의 사회조사 결과에 따르면, 국민연금에 노후를 의존하는 국민들의 비율이 상당히 높다. 결국 현재 국민연금을 받거나 받게 될 예정인 사람들의 받는 금액을 줄이는 선택은 매우 어렵다는 의미가 된다.

결국 현재 국민연금 개혁의 논의는 보험료율을 올리거나, 세금을 조기에 투입하여 납부자들이나 납세자들의 부담을 높이는 방향이 되고 있다.

문제는 여기서 비롯된다. 앞서 얘기한 바와 같이, 국민연금이 소진되었을 시에 가장 큰 문제는 현재의 청년세대들이 지나치게 많은 부담과 짐을 짊어지게 되는 것이다. 그런데 보험료를 높이거나 정부의 재정을 투입하면, 결국 국민연금과 세금을 더 긴 기간 납부하게 될 청년들에게 대부분의 부담을 지우는 방법이 된다.

청년세대의 입장에서는, 국민연금이 고갈되는 선택지, 그 고갈을 막기 위해서 미리 보험료율을 올리거나 재정을 투입하는 선택지의 차이는 조삼모사에 지나지 않는다는 느낌을 받을 수 있다.

결국 현재의 논의수준이라면, 지금의 청년세대들이 과거에 잘못 설계된 제도에서 발생하는 대부분의 부작용과 부담을 온전히 짊어지게 되는 결말은 피할 수가 없다.

게다가, 개혁논의에서도 잘 언급되지 않는 심각한 문제가 또 있다. 국민연금의 구조를 조금이라도 아시는 분들이라면, 국민연금이 쌓아놓은 '기금'이라는 것이 현금으로 이뤄지지 않고 있음을 잘 아실 것이다. 국민연금의 기금 구성은 크게 주식, 채권, 대체투자로 이루어져 있으며 현금성 자산은 극히 일부에 지나지 않는다.[33]

---

33 국민연금기금운용본부, 국민연금기금운용본부 홈페이지, 2024년 1월 11일 시점, https://fund.nps.or.kr/jsppage/fund/mpc/mpc_03.jsp

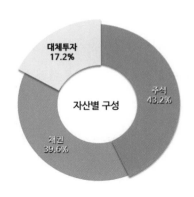

국민연금 기금구성 현황

자산별 구성
- 대체투자 17.2%
- 주식 43.2%
- 채권 39.6%

[단위: 조 원, 2023년 10월 말 기준]

구분	금액	비중
전체자산	968.3	100%
복지부문	0.2	0.0%
금융부문*	967.2	99.9%
국내주식	127.5	13.2%
해외주식	290.8	30.0%
국내채권	308.9	31.9%
해외채권	71.5	7.4%
대체투자	165.9	17.1%
단기자금	3.0	0.3%
기타부문	0.9	0.1%

2023년 10월 말 기준의 기금 포트폴리오를 보면, 국내주식에 127조가 넘게, 국내채권에 308조가 넘게 투자한 사실을 알 수 있다. 그리고 국민연금의 투자규모는, 국민연금 기금이 적자전환 하기 전까지 꾸준히 늘어나는 구조이다. 즉, 현재 전망대로면 2040년까지 국내주식하과 국내채권에 대한 투자금액이 앞으로 더욱 늘어날 것이란 의미이다.

바로 여기에서 문제가 발생한다.

기금이 적자가 발생한다는 얘기는 무엇일까? 바로, 기금에 쌓인 자산을 팔아서 국민연금을 받는 사람들에게 돈을 나눠줘야 한다는 얘기다.

국민연금은 현재 약 1천조에 이르는 자산 중에, 국내주식과 국내채권에 45%가량을 투자 중이다. 국민연금은 이미 한국 주식시장과 채권시장에서 막대한 영향력을 행사하는 단일 세력이다. 그 국민연금의 자산을 팔아야 한다는 얘기이다. 해외자산을 먼저 판다고 해봤자, 시간의 문제일 뿐이고, 나중에 기금의 고갈이 가속화될 때 더욱 빠른 속도로 국내자산을 팔게 될 뿐이다. 이렇게 국내주식과 국내채권을 팔게 되면 무슨 일이 벌어질까?

예를 하나 들어보자. 국내 대표기업인 삼성전자만 하더라도, 국민연금이 삼성그룹의 보유지분을 제외하고 제일 큰 지분규모를 갖고 있으며, 그 지분이 2023년 9월 기준으로 7.68%에 이른다. 이 주식들을 십수 년에 걸쳐 다 팔게 되면 삼성전자 주가에 어떤 영향을 끼칠지를 조금만 생각해 보자.

국민연금이 현재 갖고 있는 삼성전자 보유지분의 가치를 온전하게 다 평가받고 팔고 나올 수 있을까? 2대주주가 지분을 팔기 시작하면 주가가 어떻게 될까? 결과적으로는 모든 지분을 다 팔 기세로 주식을 판매해야만 하는데, 지금의 가치 그대로 국민연금이 보전할 수 있을까? 주식시장에 미칠 영향은 어떨까?

게다가, 주식투자를 해보신 분들은 아시겠지만, 주식은 기본적으로 미래에 대한 기대를 주가에 품고 있기에 미래에 벌어질 일에 대한 '선반영'이 이뤄지는 법이다. 국민연금이 머지않은 미래에 수백조에 이르는 투자금액을 무더기로 팔고 떠나가야 한다는 사실을 모두가 다 알고 있는 상황에서 한국의 주식시장에 참여하고 있는 사람들이 어떻게 반응할지도 생각해 봐야 한다.

채권시장은 어떨까? 국민연금이 주식보다도 더 많이 채권을 보유하고 있다. 이 수많은 채권을 판매하기 시작하면 그 거대한 액수의 판매량을 누가 받아줄 수 있을까? 아직은 그 누구도 받아낼 수 없어 보인다. 결국 주식시장의 하락, 채권시장의 금리상승(금융비용 상승)으로 이어져 한국경제에 악영향을 미칠 것이라는 생각으로 이어지는 것이 당연하겠다. 그 충격의 정도는 독자분들의 상상에 맡기겠다.

» **건강보험의 배신**

국민연금의 비관적 결말에 대해서는 어쩌면 많은 분들이 이미 알고 있었을 수도 있다. 하지만, 국민연금과 비슷하거나 어쩌면 더 큰 파급력을 지니고 있을 수 있음에도 여태까지 제대로 다뤄지지 않은 문제가 있다. 바로 건강보험의 적자 문제다.

건강보험 재정의 미래에 대해서 얘기하기 전에 현재에 대해서 빠르게 다루고 넘어가 보자. 건강보험은 이미 지금도 문제가 있다고 할 수 있다. 많은 분들이 모르시겠지만, 사실 오래전부터 우리가 내고 있는 건강보험료만으로는 건강보험을 유지하지 못하고 있었다. 최근 2019년~2023년까지의 건강보험 수입예산 구조를 보면 그 실태를 쉽게 볼 수 있다.[34]

---

34 건강보험공단, 건강보험공단 홈페이지, 건강보험 수입/지출 예산, 2023년 1월 11일 시점,
    https://www.nhis.or.kr/announce/wbhaec11606m01.do

건강보험공단 2019~2023년도 수입예산 현황

[단위: 억 원]

구분	2019년도	2020년도	2021년도	2022년도	2023년도
계	708,605	770,171	792,562	866,475	926,734
일반회계	705,233	766,641	788,634	862,431	922,545
사업수입	581,010	634,901	664,611	729,663	789,825
- 건강보험수입	581,010	634,901	664,611	729,663	789,825
임대사업수입	6	6	6	5	6
정부지원금	83,432	94,601	100,182	110,733	115,989
- 국고지원금	59,721	70,826	75,833	86,843	91,494
- 담배부담금	19,011	18,808	19,167	18,149	18,208
- 농어촌경감전입금	1,695	1,579	1,689	1,928	2,386
- 차상위지원금	3,005	3,388	3,493	3,813	3,901

2023년을 보면, 전체 수입예산 중에 우리가 납부하는 건강보험료를 통해서 얻는 수입은 85%가량이고 12% 정도는 정부지원금에 의해서 충당되었다. 그리고 그 규모는 한두 푼도 아니고, 10조가 넘는 큰 금액이다. 우리가 종종 건강보험이 '흑자'라든가, 건강보험기금에 돈이 조 단위로 쌓여 있다는 식의 뉴스를 보아왔던 것에는 사실 이런 비밀이 숨어 있었다는 얘기이다. 당장에라도 정부의 10조가 넘는 지원금이 끊기면 건강보험은 수조 원의 적자를 내고 정부지원금으로 쌓아 올린 기금을 금방 갉아먹게 된다는 것이다.

이런 현재의 문제점을 바탕으로 미래의 얘기를 바로 이어나가 보자. 앞서 국민연금이 2055년에 고갈되는 전망과 2060년만 가더라도 보험료율을 30%까지 올려야지 유지가 가능하다는 얘기를 봤을 것이다. 건강보험의 미래에 대해서는 여태까지 많이 다뤄지지 않았지만(아마도 건강보험에 대한 일반적인 대중들의 인식이 나쁘지 않아서라고 생각된다), 결론부터 말하자면 건강보험도 국민연금과 상황이 크게 다르지 않은 상황이다.

감사원에서 2022년 공개한 '건강보험 재정관리 실태' 전문에는 건강보험공단이 감사원에 제출한 자료에 의해 재구성된 2060년까지의 건강보험 재정전망 결과가 나와 있다. 해당 자료는 2020년에 건강보험공단과 보건복지부가 건강보험재정의 미래를 예측해 본 자료라고 한다.

그 결과표를 보여주기에 앞서, 해당 결과표에서 가정하는 몇 가지 전제를 얘기해 주도록 하겠다. 건강보험료율은 현재 글을 쓰는 2023년의 시점에 7.09%이다. 이 보험료율은 법적으로 최대치가 정해져 있는데, 그 최대치가 8%고 건강보험공단과 보건복지부의 미래예측에서는 2026년에 그 최대치에 도달함을 가정하고 있다. 지금의 7.09%보다 0.91% 포인트가 3년 이내에 가파르게 올라갈 것임을 가정한다는 의미이다. 또, 정부가 매년 건강보험료로 들어오는 돈의 14% 규모를 보조금으로 지원해 준다는 가정을 하고 있다. 가정에서부터 앞으로 현재보다 한참을 더 많은 돈을 국민에게서 걷겠다는 포부이자 전망인데, 과연 그 가정을 바탕으로 한 전망 결과는 어떨지를 결과표를 통해 살펴보자.[35]

---

35 감사원, 감사 보고서 – 건강보험 재정관리 실태 –, 2022, 2022.07

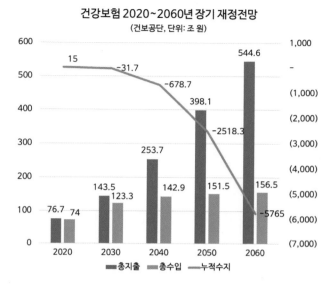

건강보험 2020~2060년 장기 재정전망
(건보공단, 단위: 조 원)

※ 보험료율이 2026년 법정 상한 8%에 도달 후 유지된다는 가정,
정부지원은 보험료 수입의 14%를 가정

앞 장에서 국민연금의 보험료율이 30%가 되어야 유지가 가능해졌던 2060년이라는 시점에, 우리는 건강보험으로 한 해에 388.1조가 적자가 나는 상황에 직면한다. 이 규모가 어느 정도인지 확실하게 감이 바로 오지는 않는다.

이해를 쉽게 돕기 위해서, 본 보고서의 총수입이 건강보험료율을 8%로 가정하고, 또 그렇게 거둔 보험료의 14%를 정부가 보조해 준다고 가정했다는 사실을 바탕으로, 국민연금 때와 마찬가지로 여러 가지 시나리오를 만들어 볼 수 있겠다.

시나리오를 따라가 보기 전에, 시나리오에 필요한 단순한 계산부터 해보자. 보험료율 8%를 가정하고 그렇게 거둬들인 돈의 14%를 정부가 보조해 준다고 하니, 2060년의 총수입인 156.5조 원은 보험료 수입의 114%가 될 것이다. 그러니 전체 보험료 수입 예상은 약 137.3조가 됨을 쉽게 알 수 있다. 이제 바로 시나리오를 만들어 보자.

국민연금에서 해봤던 것처럼, 건강보험료를 내는 사람들이 전부 그 부담을 짊어지는 방식을 생각해 보자. 필요한 돈이 544.6조이니, 137.3의 약 3.96배의 값이다. 즉, 8%의 약 3.96배에 달하는 보험료가 필요해진다는 의미가 되겠다. 이는 31.68%이다.

경이로운 숫자가 나왔다. 앞서 국민연금의 동일한 시나리오에서 29.8%를 부담해야 한다고 했었는데, 건강보험은 그것보다 더 높은 31.68%가 됐다. 이 또한 국민연금의 시나리오처럼 말도 안 되고 미래 세대에게 너무나도 터무니없는 부담을 지우는 결과로 절대로 가서는 안 될 길이 되겠다.

원래는 다른 시나리오도 구체적으로 살펴보려고 했지만, 이 수치 하나만으로 더 이상 구체적으로 살펴볼 필요가 없어졌다. 국민연금보다 더 높은 부담이 필요하다는 전망이 첫 번째 시나리오에서 나왔으니, 같은 식으로 국민연금에서 살펴보았던 다른 시나리오를 그대로 대입해 봤자, 국민연금보다도 조금씩 더욱 비관적인 결과만이 나오게 된다.

세금으로 충당한다면, 국민연금 고갈 시나리오보다 조금 더 높은 수준의 세금 인상이 필요해지고, 건강보험을 없앤다면 지금의 청년들이 가장 건강 관련 지출이 많아지는 노후에 건강보험이 적용되지 않는 매우 비싼 의료비용을 치르게 될 것이다.

우리가 그토록 자랑스럽게 느껴온 한국식 건강보험도 결국 이대로 아무런 변화 없이 방치한다면, 머지않은 미래에 많은 부담과 짐으로 돌아오게 된다. 건강보험은 많은 한국인들이 만족스럽게 여기는 정책이기에 이 사실을 있는 그대로 받아들이기 더 어려울 수 있다. 하지만 이는 당면한 현실이고 직시해야 할 진실이다.

그럼에도 이 가정이 과연 올바른지에 대해서 의문을 표하는 사람들이 있을 것이라 본다. 그렇기에, 이전 장에서 국민연금의 미래를 살펴보았을 때 했던 가정들이 적절한지를 들춰본 것처럼 그대로 다시 해보자.

먼저, 건강보험의 2020년부터 2060년까지의 전망에 사용된 인구가정이 가장 중요한 요소가 아닐까 싶다. 이는 2020년에 예측된 자료라고 감사원 자료에 나와 있다. 결국 이 자료는 2020년에 구할 수 있던 최선의 자료를 바탕으로 만들어졌을 테니, 앞서 출산율 장에서 다룬 2021년이나 2023년에 공개된 전망보다 낙관적인 가정을 하고 있을 수밖에 없다.

두 번째로는 경제전망이겠다. 마찬가지로 해당 자료의 작성 시점에 비해서 최근에 나온 국민연금의 5차 재정계산의 경제전망보다 본 자료에서의 전망이 당연히 더욱 낙관적일 것이라고 생각하는 게 타당할 것이다. 비슷한 성격의 국민연금에서 4차 재정계산 시의 경제전망을 5차보다 낙관적으로 했으니 말이다.

결정적으로 감사원의 건강보험재정 감사결과에 대한 언급을 한번 살펴보자.

건강보험료율 등 주요 건강보험 정책 결정의 기초자료가 되는 건강보험 재정전망이 잘못 추계되어 누적수지가 과다 평가되고 있는데도 전망방법 등이 공개되지 않아 검증이 불가능하다는 문제가 확인되어 재정전망의 정확성을 높이기 위해 전망방법 등에 대한 공개를 확대하는 방안을 마련하도록 하였다.

감사원에서는 건강보험의 재정전망에서 설정된 그 가정들의 근거가 제대로 공개되지 않고 있음을 지적하고 있고, 누적수지가 과다 평가되고 있음을 꼬집고 있다. 그러니까, 감사원이 감사해 보니 해당 전망이 어떤 가정을 전제로 하는지 정확하지 않을뿐더러, 너무나도 낙관적이라는 얘기이다.

그렇다면 해결방법은 무엇일까? 또 마찬가지로 직전에 다룬 국민연금과 같은 이야기를 할 수 있겠다. 미리 보험료를 올리거나, 미리 국가 재정을 투입하거나. 결국 최종적인 부담은 청년세대에 돌아간다는 점도 국민연금과 동일하다. 유일한 차이점이라면 단지 그 규모가 국민연금보다 더 클 것이라는 점이다.

» 시작하기도 전에 끝난 K-복지

국민연금과 건강보험, 2개의 거대한 K-복지의 축을 살펴봤다. 그 예정된 미래 또한 보았다. 보험료 수입만으로 그 지출을 감당하기 위해서 2060년에 필요한 국민연금 보험료율은 29.8%, 건강보험 보험료율은 32%. 둘이 합쳐 61.8%다. 이 수치조차도 인구 및 경제상황에 대한 낙관적인 전망을 해볼 시에 2060년에 4대보험 납부자들이 내야 할 보험료율이다. 여기에, 다른 4대보험에 필요한 보험료율은 얘기도 하지 않았다.

다른 의무보험들은 국민연금과 건강보험에 비해서는 비교적 적은 금액이니 빠르게 훑고 넘어가 보자. 먼저 노인장기요양보험을 살펴보도록 하자. 연평균 2.93% 인상되어도 2031년에 기금이 소진된다(국회예산정책처). 현재 보험료율은 0.9182%이다. 게다가 밑의 표를 한번 보자. 2022년 불변가격 기준으로, 2060년에 이르면 적자가 그해에만 53.4조에 이르고 2070년에는 76.7조에 이른단다.

우리가 현재 내는 보험료 수준으로는 지출을 감당하는 데 터무니없이 부족하다는 얘기이고, 보험료 수입대비 지출을 비교해 보면 지금의 보험료에서 더 이상 오르지 않아도 해당 수입이 가능하다는 말이 안 되는 낙관적인 가정을 하더라도, 2060년에는 현행 보험료보다 최소 약 6.54배가 되어야 한다는 말이다. 현재가 0.9182%이니, 보험료율은 최소 6%가 되어야 보험료 수입으로 지출이 감당 가능해진다.[36]

---

36 국회예산정책처, 2023~2032년 건강보험 재정전망, 2023, 2023.10.10

노인장기요양보험 수입 및 지출전망결과: 2022-2070(단위: 조 원)

	2022	2030	2040	2050	2060	2070	연평균 증가율(%)
수입	13.1	19.9	24.8	28.8	31.4	34.2	2.0
보험료 수입	8.9	13.1	14.4	14.6	14.5	15.0	1.1
지출	12.9	23.7	48.0	76.4	94.8	110.9	4.6
보험 급여비	12.5	23.1	46.8	74.5	92.4	108.1	4.6

그럼 이 수치도 더해보자. 61.8 + 6 = 67.8이다. 67.8%까지 올라왔다.

고용보험은 어떨까? 바로 표를 하나 보고 가자.[37]

고용보험 적립금 추이(단위: 억 원)

---

37 고용보험기금 공시자료를 바탕으로 저자 재구성

고용보험기금도 이미 사실상 고갈됐다. 적립금이 아직도 남아 있는 이유는 '공공자금관리기금 차입금'이라는 이름으로 다른 기금에서 돈을 빌려온 덕분이다. 즉, 빌려온 돈으로 적립금을 유지하고 있다는 얘기이고, 2022년 기준으로 적립금에서 이 차입금 중 갚아야 하는 금액을 제하고 나면 −3조 3,919억이라는 실제 적립금의 규모가 나타난다. 이미 고갈되어서 여기저기에서 돈을 빌리고 다니는 고용보험에 우리는 보험료율 1.8%를 부담 중이다. 2년여 전만 해도 1.6%였지만, 위와 같은 상황 때문에 작년부터 1.8%로 인상되었다. 산재보험은 업종마다 부담하는 보험료율이 다르니 그냥 + α라고 두자.

이제 모든 걸 합쳐보면 대한민국 국민들은 2060년부터 4대보험의 지출을 보험료 수입만으로 감당하기 위해서 최소 29.8 + 32 + 6 + 1.8 = 69.6, 69.6% + α의 보험료율을 납부해야 한다. 게다가 이 수치는 인구구조와 경제상황을 상당히 낙관하고 있는 전망에 기댄 수치다. 한국이 맞이할 최악의 상황이 아니라 아마도 한국의 미래에 대한 최선의 상황, 낙관의 상황에서의 수치라는 의미이다.

4대보험 보험료율이 70%에 이르는 수치로 오르면 어떻게 될까? 정말 상상하기 어려운 얘기이다. 물론, 근로자들의 경우에는 사업주가 반을 부담하기에 35%만을 내는 셈이 되긴 한다. 하지만, 사업주들은 당연하게도, 그 비용을 근로자들에게 최대한 전가하려고 노력하게 될 것이다. 사업주들의 입장에서 한번 바라보자.

청년세대들이 공감할 만한 현실적인 평균적 월급액수인 300만 원을 기준으로 두고 생각해 보자. 일단 300만 원의 70%는 210만 원이다.

여기에서 반은 사업주가, 반은 근로자가 부담한다. 그러면 사업주는 근로자에게 300만 원 임금을 책정하면 추가로 105만 원을 보험료로 국가(기금)에 납부해야 한다. 실제 비용은 405만 원으로 치솟는다. 근로자들은 어떨까? 300만 원에서 105만 원을 뺀 195만 원만을 받게 된다. 월급을 300만 원으로 알고 있는데, 사업주는 405만 원을 비용으로 치르고 근로자는 195만 원만을 받는 상황이 펼쳐진다.

게다가 이 숫자는 다른 세금을 뺀 수치이다. 기초연금이나 다른 굵직한 복지정책에 소요되는 우리의 '세금'이 제외된 숫자라는 얘기이다. 근로자는 돈을 195만 원밖에 못 받겠지만, 적용되는 세금은 300만 원을 기준으로 적용될 테니 체감되는 세금도 점점 늘어날 가능성이 크다. 독자분들도 자신의 소득에 대비해서 한 번쯤 생각해 보시길 바란다.

물론, 보험료 수입으로 지출을 다 감당하지 않고, 정부지출을 추가로 늘려 감당하거나 아니면 해당 제도들을 아예 없애 버리는 방식 등도 생각할 수 있겠다. 하지만 정부지출을 늘리면 세금이 늘어나야 한다는 얘기와 동일하기에 보험료율을 늘리는 것과 큰 차이가 있기 힘들고, 만약 제도들을 문제가 되는 그 시점에 없애버린다고 한다면, 앞서 말한 바와 같이, 현재의 청년세대들은 보험료를 열심히 납부만 하고 가장 그 보험들이 필요한 순간에 다 사라져 버린다는 얘기가 된다.

현재의 청년세대가 65세가 넘어 국민연금도 없고, 건강보험도 사라진 대한민국을 맞이한다는 의미이다.

그 말은 한국 복지제도의 근간이 되는 4대보험은 한국인들의 든든한 노후보장 복지제도가 되어주지는 못하고, 되레 짐과 부담이 되어 부메

랑처럼 돌아온다는 말이다.

많은 사람들이 의아해할 것이다. 분명 한국은 복지제도가 잘 갖춰지지 않은 나라라고 얘기를 들어왔고, 노인빈곤율이 높으며 복지지출이 굉장히 적다고 얘기를 들어왔으니 말이다. 하지만, 더 이상 그 사실 여부는 중요치 않다. 중요한 것은 우리가 갖고 있는 기존 제도들이 우리가 아는 모습으로 미래에 남아있을 가능성이 사라지고 있다는 것이다.

또 언급할 얘기는 많다. 공무원연금으로 대표되는 직역연금(공무원, 사학, 군인)이 벌써부터 엄청난 적자가 나고 있다는 사실도 잊어서는 안 되고, 고령자분들께 드리는 기초연금도 나날이 늘어나고 있다. 이 모든 것을 감당하려면 지금의 청년들이, 혹은 그 이후의 미래세대가 얼마나 큰 부담을 해야 하는지 감조차 잡히지 않는다. 우리가 자랑하는 건강보험을 비롯한 한국형 복지제도의 민낯이 드러나는 순간이 다가오고 있다.

3 토지대국 대한민국

» **한국 땅을 팔아보자**

이번엔 부동산 이야기다. 부동산 가격만큼은 우상향한다는 강한 믿음이 대한민국 사회에 오래도록 자리해왔다. 이 믿음의 결과인지, 최근에는 대한민국보다 아직까지는 경제규모가 2배 이상 크고[38] 면적은 거의 4배에 육박하는[3940] 일본의 부동산 가치(토지가치)를 따라잡았다는 얘기가 들려온다.

---

38 IMF DATAMAPPER, GDP, current prices(1980~2024), IMF

39 국토교통부, 「지적통계연보」, 2022, 국토교통부

40 https://www.fao.org, FAO, 2023.8

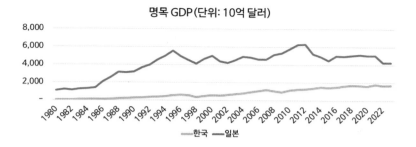

명목 GDP (단위: 10억 달러)

총면적 (단위: 1,000ha = 10km^2)

	총면적
대한민국	10,043
일본	37,797

좋은 일인지 나쁜 일인지 바로 와닿지 않는 얘기다. 일단 한번 숫자들부터 찾아보자. 한국은행에 따르면 2022년 한국 국내 토지자산의 총 가치는 1경 489조 원이라 한다. 일본의 경우에는 OECD의 최근 자료[41]로 찾아보니 엔화 기준으로 1,276조 엔이라 한다. 현재 글을 쓰는 시점의 환율이 100엔당 약 910원 정도이고, 이를 바탕으로 계산해 보니 거의 근접한 수치라고 할 수 있다.

방금 위에서 보고 온 면적을 토대로 한번 계산해 보면, 일본은 1㎡당 약 334만 엔(3,039만 원), 1평(3.3m^2)당 약 1,103만 엔(1억 30만 원)이라는 가격이 나오고 한국은 1㎡당 약 1억 440만 원, 1평당 약 3억 4,465만 원이 나온다. 면적당으로 계산하니 평균적으로 일본 땅값의

---

41 OECD.Stat, Non-financial accounts by sectors, OECD, 2024.01.11, https://stats.oecd.org/

3배를 더 쳐줘야 그만큼의 한국 땅을 살 수 있다는 말이다.

한국 땅이 왜 이렇게 비쌀까? 혹시 일본이라는 나라의 토지가치가 장기침체로 유독 저렴한 건 아닐까? 일본이란 나라가 유독 싼 것일 수도 있으니, 다른 나라들도 한번 찾아보았다.

마찬가지로 OECD의 자료를 기준으로 한다. 먼저 독일부터 보자, 책을 쓰는 시점에 접근 가능한 정보로 찾아보면, 그 토지가 약 7조 2,467억 유로 수준이다. 프랑스는 약 8조 9,030억 유로, 호주는 약 8조 9,109억 호주달러…[42]

한국보다 더 큰 경제규모를 갖춘 서구 선진국들 모두가 한국보다 토지자산의 가치가 비슷하고 경제규모가 비슷한 호주는 한국보다 훨씬 토지가치가 낮다. 원화로 환산한 가치와 관련 숫자들을 아래에 표시해놨으니 참고해 주시길 바란다.

국가명	GDP(1조 달러)[43]	면적 (10km^2)[44][45]	인구 (1,000명)[46][47]
한국	1.78	10,043	51,558
일본	4.29	37,797	123,295
프랑스	3.18	54,909	64,757
독일	4.7	35,759	83,295
호주	1.69	774,122	26,439

42 OECD,Stat, Non-financial accounts by sectors, OECD, 2024.01.11, https://stats.oecd.org/

43 IMF DATAMAPPER, IMF , GDP, current prices (2024 estimates)

44 국토교통부「지적통계연보」,2022, 국토교통부

45 https://www.fao.org, FAO, 2023.8

46 통계청「장래인구추계」2021. 12, 통계청

47 UN「https://population.un.org/wpp, World Population Prospects 2022,2022. 7, UN

국가명	토지가치	평당 토지가치	m^2당 토지가치
한국	1경 489조 원	3억 4,465만 원	1억 440만 원
일본	1,276조 엔	1,114만 엔	337만 엔
프랑스	8조 9,030억 유로	5만 3,506유로	1만 6,214유로
독일	7조 2,467억 유로	6만 6,687유로	2만 265유로
호주	8조 9,109억 호주달러	3,798호주달러	1,151호주달러

(프랑스, 호주, 한국은 2022년 기준이고 일본, 독일은 2021년 기준,
만 원 미만 절삭, 만 엔 미만 절삭, 유로 및 호주달러 소수점 이하 절삭)

국가명	GDP 대비 토지가치	원화 환산 평당 토지가치(원)
한국	4.85배	3억 4,465만
일본	2.02배	1억 128만
프랑스	3.02배	7,702만
독일	1.66배	9,600만
호주	3.44배	330만

(조 미만 절삭)

국가명	원화 환산 토지가치(원)
한국	1경 489조
일본	1경 1,609조
프랑스	1경 2,819조
독일	1경 434조
호주	7,762조

(2024년 2월 1일 오후 5시 환율 기준, 100엔 = 910원,
1유로 = 1,439.60원, 1호주달러 = 871.11원, 만 원 단
위 미만 절삭)

이유가 뭔지는 굳이 따지지 않겠다. 한국 땅에 석유나 금이 대량으로 있을 수도 있고, 아니면 그 어느 나라에도 없는 희귀하고 희소한 자원이 많을 수 있다는 기대가 있을 수도 있겠다. 중요한 건 이유가 아니라 그 사실이다.

토지가치가 매우 높다. 한국의 한해 국내총생산(2022년, GDP)의 약 4.85배에 해당된다. 다른 나라들에 비해서 월등히 높다. 위에 언급된 다른 국가는 한국보다 1인당

국내총생산은 물론이고 국내총생산 자체도 더 높은 나라들이다. 우리 경제가 아무리 거대해졌다지만, 남한 땅을 다 팔고 나서 독일 땅이나 호주 땅을 다 사고도 돈이 남는다거나, 일본 땅을 거의 다 살 수 있는 현재의 토지가치는 의아함을 자아내기에 충분하다.

한국보다 더 큰 경제를 이룩한 나라들이 한국 전체의 토지자산과 비슷한 가치의 토지자산을 갖는다는 사실이 충격적이긴 하지만, 이 사회에서 얼마나 토지자산으로 대표되는 부동산이라는 자산이 얼마나 진입장벽이 높은지는 굳이 이 숫자들을 빗대어 얘기하지 않아도 모두가 이미 알고 있으셨을 것이다. 그래도 이렇게 직접적으로 비교해 보니 과연 한국이 비싸긴 하다. 광개토대왕이 재림하셔서 국토를 늘리신 것도 아닌데, 토지가치가 참으로 많이 비싸졌다.

» 숨만 쉬고 돈을 모아

계속해서 얘기를 이어나가 보자. 부동산 문제는 내가 뉴스라는 매체를 접하게 된 이래로 해결된 적이 없는 것으로 기억한다. 정확히 뭐가 문제인지는 이견들이 조금 있어도, 일단 문제가 있다는 건 대다수가 공감했다. 필자가 아주 어린 시절에 집 근처 신축 아파트가 미분양이 나던 2008년 글로벌 금융위기 직후를 제외하고는 거의 모든 시절에 걸쳐서 뉴스와 어른들의 입에 부동산 가격이 너무나도 높다는 얘기만이 가득했다.

당연히 나는 부동산 가격이 비싼 줄 알았다. 안 그런 또래가 없었다.

한창 '헬조선'이라는 단어가 유행하던 2014년 즈음에도 부동산 가격이 너무나도 높아서 미래를 그릴 수가 없다는 불만이 남녀노소를 불문하고 많았던 것으로 기억하고, 〈개그콘서트〉를 기억하시는 분들이라면 2011년경에 '사마귀 유치원'이라는 코너에서 개그맨이 서울의 비싼 집값을 풍자했던 사실도 기억하고 계실 것이다.

이제는 모두가 다 아는 사실이지만, 돌이켜 보면 돌이켜 볼수록 아무리 비싸다고 느꼈더라도, 과거의 부동산 가격이 지금보다 훨씬 저렴했다. 이는 통계로도 쉽게 확인된다. 부동산 가치가 어느 정도로 높은 수준인지 가늠하기 위해서 종종 PIR이라는 소득대비 주택가격 지표를 사용하고는 한다. 예를 들어 PIR이 1이라면, 1년의 가구소득으로 그 자산을 구매할 수 있다는 것이고, 2면 2년, 3이면 3년 등 그 숫자만큼의 시간(연 단위) 동안 한 가구가 벌어들이는 소득을 전부 투입해야 자산의 구매가 가능함을 보여준다. 이 지식을 바탕으로, 서울과 경기지역의 PIR(소득대비 주택가격) 추세를 한번 살펴보자.[48]

서울 소득 대비 주택가격 (PIR)

---

48 소득대비 주택가격(PIR), KB부동산 데이터허브

를 넘기고 최근에 소폭 하락한 형태를 보여준다. 다시 말하자면, 원래는 8년 동안 숨만 쉬고 모든 돈을 모아야 집을 살 수가 있었는데, 요즘에는 그 기간이 14년으로 늘어났다는 이야기다.

우리가 그토록 부동산 가격이 비싸다고 이야기하던 시절의 PIR이 서울에서 8 정도였고, 현재에는 14 주변에서 PIR이 형성 중이니 그 기간 동안의 소득증가까지 생각한다면 PIR이 8이던 시절과 비교해서 집값이 못해도 최소 2배가 되었다고 봐야겠다. 서울이 비싸다는 건 모두가 이미 다 알 테고, 그럼 인구가 가장 많은 광역자치단체인 경기도는 어떨까?

경기도 또한 상황은 비슷하다. 평균적으로 6에서 7 사이에 머물던 PIR은 2017년을 기점으로 그 구간을 돌파하더니 8에 근접하였고, 결국 코로나 이후 10을 넘기게 되었다. 경기도가 얼마나 넓고, 지역마다

편차가 큰지를 생각해 보면, 서울보다는 다소 작은 이 상승 폭이 실제 체감상으로는 얼마나 크게 와닿을지 쉽게 생각해 볼 수 있을 테다.

우스갯소리로 수십 년 동안 숨만 쉬고 저축해야 집을 간신히 전세로라도 구할 수 있다던 얘기가 나오던 시절이 있었다. 앞서 언급했던 한 개그프로그램마냥 말이다. 내가 사회에 진출하기 전, 학창 시절에 듣던 흔한 레퍼토리였다.

지금 내 주변 모든 또래들은 그 시절 부동산 가격이 돌아오면 조상님 영혼까지 끌어 투자한다고 한탄을 한다. 정말로 많이 올랐다. 내 주변 또래들은 도대체 집이라는 자산이 이제 와서는 평생에 자력으로 매매가 가능하기는 한지, 그 현실성부터가 떨어진다는 얘기들을 하고 그렇게 집이라는 물건을 포기하기 시작했다.

» 영원한 상승

이에 따른 가계부채 상승은 말할 것도 없다. 마찬가지로, 내가 뉴스라는 매체를 접한 시점부터 가계부채는 늘 문제였다. 그리고 이 문제는 절대로, 단 한 순간조차도 제대로 개선된 적이 없으며, 이 문제를 해결하고자 하는 노력들이 실효성을 갖고 실제 가계부채의 감소에 도움을 주었다는 소식도 들어보지 못했다.

결국 그 결과는 GDP 대비 100%가 넘는 압도적인 가계부채로, 전세보증금이라는 사금융까지 포함한다면 이 수치가 더 올라간다. 구체적으로는 다음과 같다. 2021년 기준으로 한국의 가계부채는 105.8%, 전세보증금을 포함할 시에 156.8%란다. 금융의 최고 선진국 중 하나로 불리는 스위스의 131.6%보다도 높다고 하니, 이 결과의 의미는 둘 중 하나겠다. 스위스보다 높은 수준의 금융산업을 갖고 있거나, 한국의 부채 수준이 과도하거나.

다음은 IMF 데이터에 기반한 한국의 GDP 대비 가계부채의 추이이다. [49]

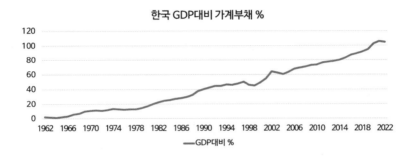

한국 GDP대비 가계부채 %

걷잡을 수 없이 상승하는 GDP 대비 가계부채의 추이는 대한민국의 금융이 어디까지 가계부채를 버틸 수 있는지 시험이라도 하고자 하는 듯 끝없이 올라가고 있고, 지금 이 순간에도 늘어나고 있다.

물론 부채가 무조건적으로 나쁘지는 않다. 당연히 이에 수반하여 소득과 자산이 상승한다면 레버리지를 통해서 더 큰 이득을 내는 셈이니

49 IMF DATAMAPPER, Household debt, loans and debt securities, IMF

좋은 결과로 이어지리라.

실제로 한국에서 살아온 많은 사람들이 해당 레버리지 효과를 이용해 큰 부를 일궈왔다. 앞으로도 이렇게 쭉 이어지기만 하면 대부분의 청년들이야 아파트는커녕 빌라 한 채 못 사더라도 인구의 대다수를 차지하는 중장년들의 승승장구로 대한민국의 미래는 쭉 밝게 이어질 예정이었을 수도 있다.

헌데 어찌 된 일인가, 2022년 한국은행 조사에 따르면 가구당 순자산이 감소하고야 말았다. 가뜩이나 부채도 GDP 대비해서 계속해서 비율이 올라가는 마당에 순자산이 감소하는 현상까지 맞이했다니, 도대체 무슨 일이 벌어진 건지, 수치로 한번 확인해 보자.[50]

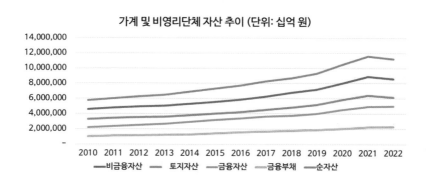

가계 및 비영리단체 자산 추이 (단위: 십억 원)

---

50 제도부문별 대차대조표(명목, 연말 기준), 한국은행, 한국은행 경제통계시스템, https://ecos.bok.or.kr/

가장 큰 숫자로 나타나는 빨간색 선이 가계 및 비영리단체의 순자산을 나타낸다. 가계부채의 상승과 더불어서 마찬가지로 우상향을 그리던 순자산이 2022년, 돌연 하락을 경험하게 되었다. 구체적으로 보면 순자산이 2021년에 약 1경 1,554조 원이었는데, 2022년에 1경 1,236조 원으로 감소하였다.

그 원인은 마찬가지 표의 다른 선들을 보면 쉽게 알 수 있다. 가계 및 비영리단체의 토지자산 추이를 나타내 주는 선을 보자. 2021년에는 약 6,438조 원에 달하던 게 2022년에는 약 6,190조 원으로 줄어들었다.

토지자산에서 약 248조 원의 자산가치 하락이 발생했고, 순자산에서는 약 318조 원의 하락이 발생했으니 토지자산 가치의 하락이 순자산 가치 하락에 상당한 영향을 준 셈이다. 토지자산 외의 비금융자산까지 합친 비금융자산의 자산가치 하락을 살펴보면, 2021년에 약 8,879조 원이던 게 2022년에 8,576조 원으로 하락하여 303조 원이 줄어들었다.

부동산이 주를 이루는 비금융자산의 가치 하락이 2022년 한국인들의 자산하락에 절대적인 역할을 했음을 쉽게 볼 수 있다.

이 와중에 금융부채는 2021년의 2,251조 원에서 2022년에는 2,327조 원으로 늘어나 상승한 것도 확인할 수 있다.

순자산이 감소한 현상은 한국은행이 해당 통계를 작성한 이래 처음 있는 일이라고 한다. 이것도 헌정사상 초유의 사태라고 이름 붙여야 할지도 모르겠다.

이렇게 부동산 가치가 하락하는 와중에, 또 간과하지 못할 위험이 도사리고 있으니, 바로 한국인들의 지나친 자산 내 부동산 편중이다. 바

로 관련된 표를 하나 살펴보자.[51]

		자산	금융자산	저축액	전월세 보증금	실물자산	부동산	거주주택 부동산	거주주택 이외 부동산	기타실물 자산
평균	2021년	50,253	11,319	8,099	3,220	38,934	36,708	22,876	13,833	2,226
	2022년	54,772	12,126	8,548	3,577	42,646	40,355	2,5496	1,4858	2,292
	증감	4,519	807	449	357	3,712	3,646	2,620	1,026	66
	증감률	9.0	7.1	5.5	11.1	9.5	9.9	11.5	7.4	3.0
구성비	2021년	100.0	22.5	16.1	6.4	77.5	73.0	45.5	27.5	4.4
	2022년	100.0	22.1	15.6	6.5	77.9	73.7	46.5	27.1	4.2
	전년차	0.0	−0.4	−0.5	0.1	0.4	0.6	1.0	−0.4	−0.2

토지자산은 해당 토지에 건축된 건물의 가치를 제한 부동산 가치라고 보면 이해하기 편하다. 그러니 부동산 가격이 전반적으로 하락하면 토지가치 또한 하락하는 현상이 발생한다. 헌데, 한국은 가구들이 보유한 전체 자산에서 이 부동산이 갖는 비중이 2022년 3월 말 기준 무려 73.7%다.

가구가 전체 자산의 약 73%를 부동산이라는 한 바구니에 담아놓았으니, 부동산 경기가 한번 휘청이면 국가의 부가 전체적으로 흔들리게 된다.

---

51 2022년 국민대차대조표 결과(잠정), 통계청, 2023, 2023.07.20

자 그럼 종합해 보자, 한국은 토지가치가 GDP의 약 5배에 이르는 상황으로 한국의 토지를 다 팔면 일본도, 프랑스도 살 수 있고, 호주나 독일은 사고 나도 돈이 남는다. 그리고 그 거대한 부동산을 기반으로 한국인들은 열심히 대출을 받았고, 추가로 부동산 사금융인 전세보증금을 합치면 GDP의 156.8%라는 압도적인 숫자의 가계대출을 만들어 냈다. 부동산 자산이 가구 자산에서 차지하는 비중이 73%로 절대적이라는 것도 놓쳐서는 안 된다.

이런 상황 속에서, 부동산 가치가 만약 계속해서 상승하기만 하면 아무런 문제도 없었겠지만, 최근에 그 가치가 하락하기 시작했다.

물론 계속 하락할지는 나도 모르고, 정부도 모를 것 같고, 대한민국 그 누구도 확답을 하기 어려울 것이다. 어쩌면 지금의 가계부채가 우습다는 듯이 가계부채 200%, 300%를 넘기며 토지가치가 1경이 아닌, 2경, 3경을 넘어 앞서 언급된 나라들의 모든 땅을 다 사고도 돈이 남을 정도로 부동산 가치가 오르는 날이 오지 말란 법은 없다.

문제는 만약 떨어진다면 어떻게 되냐는 것이다. 부동산에 기반해 막대하게 쌓아 올린 부채, 부동산에 지나치게 편중된 한국인들의 자산 구조, 이런 상황 속에서 최근의 부동산 하락이 일시적인 현상을 넘어서는 일이 벌어진다면 어떻게 될까?

오해가 없길 바란다. 앞으로 부동산이 떨어진다고 하는 얘기가 절대 아니다. 오히려 정말로 부동산 가격이 계속해서 떨어지는 현상이 발생한다거나, 다른 나라들 정도의 부동산 가치로 떨어지게 된다면 한국경제에 너무나도 큰 악영향이 있을까 두렵기에 그런 미래가 최대한 오지 않았으면 한다.

하지만, 그럼에도 불구하고, 한국의 부동산 가치가 경제력에 비해서 과도했다는 사실도 우리는 확인했으며, 가계부채가 증가하는 와중에 부동산 가치가 하락하는 현상마저도 분명 보았다. 그러니 이에 대한 대비 혹은 대책은 필요하지 않을까?

4 계란을 한 바구니에 담기

» **대국 중국 소국**

한국의 부동산 가격이 아무 이유 없이 오르던 것은 아니다. 한국은 분명 성장하는 나라였고 경제성장에 있어서 건국 이래 상당 기간 동안 모범 국가라고 할 만했다. 한강의 기적이란 말이 괜히 나온 얘기가 아니다. 그렇게 경제가 꾸준히 성장해 왔으니, 대한민국 내 자산의 가치 또한 당연하게 상승했을 수 있다. 또, 만약 대한민국의 경제가 앞으로도 잘 성장만 해주고 더 압도적으로 거대한 경제력을 갖추는 수준까지 갈 수 있다면 한국의 부동산 가치는 오히려 지금이 너무 싼 시점일 것이다.

그렇기에 이번 장에서는 한국의 경제에 대한 이야기를 조금 해보겠다. 먼저 과거를 한번 조망해 보자. 먼 과거를 가자는 얘기가 아니다. 내가 태어나기도 전의 대한민국 경제에 대해서 논하기에는 너무 멀리 가는 것 같다. 내가 하고 싶은 이야기는 최근의 대한민국의 경제성장과 관련된 이야기다.

우선 한국은행 총재께서 관련하여 좋은 말씀을 하나 해주셨으니 그 말씀부터 같이 들어보고 시작하겠다.

"10년간의 중국 특수가 사라졌다."

–이창용 한국은행 총재, 국회 기획재정위원회 전체회의 참석 중 발언

2023.05.22.

한국은행 총재께서 하신 말씀인 덕인지 울림이 강하다. 한국의 통화 정책을 결정짓는 기관의 수장으로 계신 분께서 하신 말씀이니 분명 틀리지는 않았겠지만, 아무런 통계를 안 보고 넘어갈 수는 없다. 일단 한국이란 나라가 다른 나라에 경제를 얼마나 의존하고 또 얼마나 중국에 의존을 해왔는지를 살펴보자.

지금 보여드리는 건 GDP 대비 무역의 비율이다. '무역의존도'라고도 한다. 국내총생산에 대비해서 전체 무역금액의 합을 보여주는 것이다. 궁금해하실까 봐 수출강국이라는 일본과 독일, 세계 1위의 경제대국인 미국의 수치가 포함된 표를 가져와 봤다.[52]

---

52 THE WORLD BANK IRBD • IDA, Data, Trade (% of GDP)

GDP대비 무역(%)

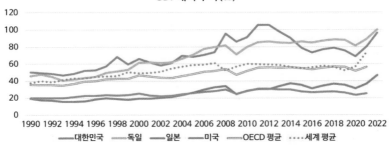

—대한민국 —독일 —일본 —미국 ——OECD 평균 ····세계 평균

보시다시피 한국의 무역의존도는 2010년부터 2020년까지 잠시 주춤한 기간을 제외하고 계속 상승해 왔다. 심지어 그 수출강국이라는 독일보다 높은 시절도 있었고, 2022년에는 거의 같은 수치까지 근접해졌다. GDP가 한 나라 내에서 한 해 동안 생산된 모든 부가가치의 합이라는 것을 생각해 보면, 이 수치는 분명 상당하다고 할 수 있다.

특히, 미국과 일본의 낮은 수치는 물론이고, 그보다는 높지만 세계평균과 OECD 평균도 한국의 절반 정도 수준에 그친다는 사실을 표에서 볼 수 있기에, 한국이 얼마만큼 무역에 의존하는 국가인지 감이 잡히실 것이다.

그럼 이 중에서 중국이 차지하는 비율이 어느 정도인지, 또 어떻게 변화해 왔는지를 보도록 하자.[53]

---

53 수출입 실적, 관세청

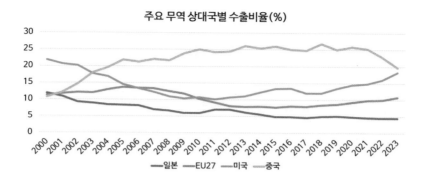

주요 무역 상대국별 수출비율(%)

주요상대국별 수출비율이다. 한국의 전체 수출에서 해당 국가가
차지하는 비율을 보여준다. 중국을 나타내는 선이 꾸준히 상승하고
2003년을 기점으로 미국을 제치고 1위로 등극한 뒤에 최근인 2018년
까지 그 비율이 늘었음을 볼 수 있다. 반면에, 다른 주요상대국들은 중
국이 1위를 차지하기 시작한 2003년의 수준을 아직까지도 되찾지 못
하고 있다.

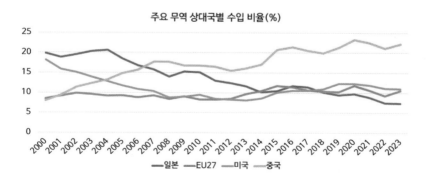

주요 무역 상대국별 수입 비율(%)

수입비율도 비슷한 추세를 보여주고 있다. 한국의 무역에 있어서 중국이 차지하는 비중이 2000년대 들어와서 급격하게 늘었음을 두 지표를 통해 확인할 수 있다. 한국의 경제에서 무역이 차지하는 비중이 상당함을 이미 보여주었기에, 중국경제가 한국경제에 미치는 영향이 지대함을 많은 분들이 확인하셨을 것이다.

더 나아간 연구들도 많다. 한국의 대중국 수출 감소가 한국경제에 좋지 못한 영향을 끼칠 것이라는 내용을 담은 뉴스기사 혹은 연구보고서 등을 조금만 검색해 보셔도 찾아보실 수 있다. 저작권 문제로 직접적인 소개는 힘들지만, 네이버나 구글을 가리지 않고 주로 사용하시는 검색 엔진에 관련된 검색을 해보신다면, 중국과 한국이 얼마나 밀접한 연관을 갖는지 어렵지 않게 찾아보시게 될 것이다.

한국경제에 막대한 영향력을 행사하던 중국. 그 자신감이 과했던 탓일까? 다음과 같은 무례한 발언이 중국의 외교관에게서 나온 것도 중국이 한국에 끼치던 경제적 영향력과 무관치 않으리라 생각된다.

"소국(小國)이 대국(大國)에 대항해서 되겠냐?"

천하이, 현 주 미얀마 중국대사

2016년 방한 당시 중국의 외교부 소속 외교관이 했던 말이다. 굴욕적이기는 하지만, 중국의 관점에서 보았을 때 대국인 자신들 덕분에 소국인 한국이 수혜를 보고 있으니 한국을 아래로 보는 외교관도 등장하지 않았을까 싶다. 헌데, 아까 한은 총재의 말을 다시 한번 되새겨

보자. 분명, 그 특수가 사라지고 있다고 하셨다. 이제 더 이상 저런 굴욕적 발언을 듣지 않아도 된다는 말일 수도 있다. 어떻게 중국 특수가 사라졌다는 얘기인지, 확인을 해봐야겠다.[54]

수교 이래 첫 대중무역수지 적자가 발생했다. 우리가 중국과 교역을 해서 적자가 발생했다는 말이다. 2023년에 그런 일이 발생했었다. 또 헌정 사상 초유의 일이다. 2022년에도 상황은 안 좋았다.

2022년에도 중국과 교역을 해서 흑자가 나긴 했지만, 흑자가 났다고 얘기하기 조금은 민망한 수준의 규모였다. 이전과 비교하면 더더욱이 그렇다. 무역수지 흑자규모가 이전에 비해서 급격하게 대폭 줄어들었고, 결국 적자가 나기에 이르렀다.

---

54 수출입 실적, 관세청

이상하다고 생각할 수 있다. 하지만 이상하건 말건 현상이 그렇고, 지금 현실이 그렇다. 중국 외교관들한테서 굴욕적인 말을 들을 이유가 없어져서 기분이 좋을 수도 있겠지만, 현실적으로 생각해 보자면 더 이상 중국에 기댄 수출 증가와 이에 따른 경제성장의 공식이 먹히지 않는다는 의미이니 그렇게 희소식만은 아니다. 한은 총재께서 정확하게 보고 계셨다. 중국 특수가 사라졌다. 적어도 사라지고 있다. 한국경제를 견인해 주던 중국에 무슨 일이 생기고 있다.

» 기약 없는 세계 1위

〈슈퍼차이나〉, 2015년에 한 공영방송에서 방영한 특별기획의 이름이다. 현재에도 해당 공영방송사의 홈페이지에서 광고 2개 정도만 보면 무료로 다시보기가 가능하다. 이 시리즈는 다큐멘터리로는 이례적으로 최고 시청률이 두 자릿수까지 올라갔던 데다, 평균 시청률도 두 자릿수에 거의 근접했던 걸로 기억한다. 다큐멘터리 역사상 이례적인 흥행이었었다.

지금도 중국이 미국을 압도할 것이란 전망에 동조하는 사람들이 많지만, 〈슈퍼차이나〉가 방영될 당시에는 그 수가 비교가 안 될 정도로 많았다. 〈슈퍼차이나〉 다큐멘터리는 중국이란 나라가 갖는 압도적인 강점들을 바탕으로 새로이 중국의 시대가 열리고 있음을 보여줬다.

이 다큐멘터리에서 주목할 부분 중 하나가 2020년에 중국이 미국을 제치고 세계 1위의 경제대국이 될 것이란 전망이었다. 당시 다큐멘터리 방영 기준으로는 미래에 살고 있기에 그 전망의 옳고 그름을 우리는 알 수 있다. 결과는 많은 분들이 이미 알고 있겠지만, 그런 일은 발생하지 않았다. 물론 중국경제가 아직까지도 성장하고 있고, 중국의 경제력과 국력은 계속해서 강대해지고 있다. 하지만 결국 과거에 예상했던 중국이 미국을 제치고 세계 1위에 오를 것이라는 전망이 빗나갔음은 부인할 수 없다.

전망이 빗나갔다는 얘기는, 과거의 예상보다 중국경제가 그렇게 강하지 않다는 말이 된다. 우리 경제의 큰 역할을 해주던 중국경제가 예상만큼 강하지 않다는 말이다. 게다가 문제는 여기서 그치지 않는다. 중국경제의 미국 추월. 시간의 문제로 보였던 그 예상이 점점 이상해지고 있다.

2020년에는 따라잡지 못했지만, 그 따라잡는 시점이 늦어질 뿐이었지 분명 언젠가는 따라잡는다는 전망이 얼마 전까지만 하더라도 계속해서 나오고 있었다. 그런데, 최근 들어 따라잡을 수 있다는 전망 자체에 먹구름이 끼기 시작했다. 이미 중국은 중국이 할 수 있는 최고점에 이르렀다는 얘기마저 나오기 시작했다. 이른바 '피크차이나(Peak China)'론의 등장이다.

최근에는 심지어 미국경제를 영원히 추월할 수 없다는 전망이 나오기 시작하고, 중국의 인구가 감소하면서 오히려 성장 잠재력이 떨어질 것이란 전망마저 나오고 있다. 아직까지는 미국경제를 추월할 수 있다는 전망이 조금 앞서는 것처럼 보이지만, 그 시점이 계속해서 뒤로 밀리고 있는 점은 정말 세계 1위 경제대국으로 중국이 등극할 수 있을지에 대한 강한 의문만을 심어주게 된다.

인구전망은 더욱 중국경제 전망에 우울감을 더해준다. 중국의 인구가 감소하기 시작했다는 소식은 많은 분들이 들었을 것이다. 그 배경에는 당연하게도 낮은 출산율이 있다. 중국의 2022년 합계출산율은 겨우 1.09에 그쳤다.

곧 한국을 따라서 1.0보다 낮은 출산율을 기록할 수도 있을 전망이다. 한국에 동지가 생겨서 다행이라고 해야 할까? 아니면, 중국경제에 부정적인 요인이 될 테니 한국에 불행이라고 해야 할까?

중국경제에 부정적인 소식은 계속해서 들려온다. 2020년에 중국 부동산 건설사 중 자산규모 1위에 달했던 헝다그룹이 2021년에 파산 위기를 겪더니, 최근에는 홍콩법원에서 파산 선고를 받았다. 이 문제의 근원인 중국의 부동산 가격 하락과 이에 따른 경기침체 문제는 아직까지도 뚜렷하게 해결되지 않았고, 기업 총수는 현재 공안 당국에 연행되어 구금된 상태라고 한다.

자산규모 1위 부동산 건설사면, 한국으로 치면 삼성물산이나 현대건설과 같은 거대 건설사가 파산이라는 얘기와 마찬가지이다. 문제는 여기서 그치지 않는다. 마찬가지로 거대 부동산 건설사인 비구이위안이 2023년 10월에 일부 채권(빚)에 대해서 채무불이행, 즉 디폴트를 선언했다. 또 다른 거대 부동산 건설사인 완커그룹도 2021년에 채무불이행 사태를 겪고 위험한 상태이다.

부동산 기업들이 죄다 위기를 겪고 있는데, 중국경제는 부동산에 많은 의존을 하고 있었다. 연구에 따라 다르지만, 전체 GDP의 20~30%를 부동산과 그 관련 산업에 의존하고 있다고 추산된다.

전체 경제의 20~30%를 차지하는 산업에서 최대기업으로 군림하는 3개 사가 동시에 파산 위기를 겪는다는 현실은 중국경제를 더욱이 낙관할 수 없게 만들어 준다. 한국에 대입해서 비유해 보자면, 4대 건설회사라 불리는 삼성물산, 현대건설, 디엘이앤씨(구 대림), 지에스건설이 동시에 파산 위기를 겪는 것과 마찬가지이다. 상상해 보시라, 경제가 어렵지 않을 수가 있을 것인지.

완벽하게 똑같지는 않지만, 이 상황을 보면 비슷한 사례가 역사 속에 있었음을 알아채신 분들도 분명 몇 분 있으실 것이다. 미국의 경제력을 넘어설 수도 있으리라 예측되고 미국의 산업을 전방위적으로 위협하며 경제대국으로 떠오르던 나라. 거기에 마찬가지로 부동산 문제를 심각하게 겪었던 나라. 심지어 대륙도 동일하게 아시아에 있는 나라. 일본이다.

벌써 잊어버린 사람들도 있겠지만, 일본은 미국의 경제에 거의 근접했었다. 도쿄 땅을 팔아서 미국 전역을 산다는 얘기도 나왔었다. 심지어 세계 최대기업 순위에 일본기업들이 즐비했고 미국기업들은 언제나 일본기업의 뒤에 자리했었다. 현재에는 상상이 안 가지만, 일본경제가 그만큼 강했던 시절이 있었단 얘기다. 반도체와 자동차산업으로 대표되는 고부가가치 첨단산업을 기반으로 미국을 위협했으니 어떻게 보면 현재의 중국보다도 미국의 경제패권에 더 위협이 되는 나라였다.

이는 수치로도 쉽게 확인할 수 있다. 일본의 GDP가 미국 대비해서 최고점에 달했던 1995년에는 미국 전체 경제규모의 70%를 넘겼었다. 일본의 인구가 미국의 반도 안 되는 걸 생각해 보면 대단한 수치가 아닐 수 없다.

하지만, 미국경제규모의 70%, 이 숫자를 넘긴 이후 일본은 빠르게 추락했다. 1995년까지 거의 같이 가던, 혹은 빠르게 미국을 따라잡던 일본의 GDP가 이후 급격하게 미국과 차이가 발생하는 것을 아래의 IMF에서 가져온 표로도 쉽게 볼 수 있다. 더 시계열을 늘려 최근까지 오면 그 격차는 더욱 심하게 벌어져 있다.[55]

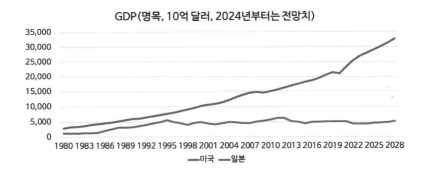

GDP(명목, 10억 달러, 2024년부터는 전망치)

결국, 최근에 이르러서도 1995년보다 작은 경제규모에 그치고 있으며 향후 전망에서도 비슷한 수준을 유지할 것이라고 IMF에서는 전망

55　IMF DATAMAPPER, GDP, current prices, IMF

하고 있다. 한때 미국을 위협하고 첨단산업의 선두를 달리며 세계 1위의 경제대국으로 거듭날 수도 있다고 회자되던 일본이, 미국경제의 70%를 넘겼던 1995년 직후 30여 년 가까이 정체된 상황이다.

그렇다면 우리는 반문해봐야 한다. 마찬가지로 아시아에 있고 미국을 넘어설 것이라는 전망이 나오고 있던 중국. 이 나라는 어떻게 될까? 과연 미국의 경제규모를 과연 넘어설 수 있을까?

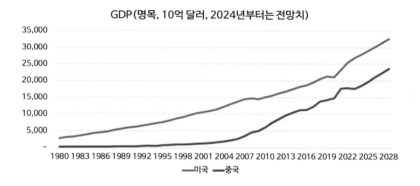

GDP(명목, 10억 달러, 2024년부터는 전망치)

2020년과 2021년, 중국의 GDP가 미국경제의 70%를 넘겼다. 그리고 2022년, 그 비율은 다시 하락하기 시작했다. 미국경제를 따라잡는다는 전망이 계속해서 늦춰지는 요인이 여기에 있을 것이다. 중국경제는 최근 들어서 미국경제와 격차가 오히려 더 심해지기 시작했다. 여기에 최근 경제성장률의 흐름과 향후 전망까지 곁들여 보면 중국경제의 미래를 더 불안하게 만든다.

중국 연간 GDP 성장률(%, 실질, 2024년부터는 전망치)

━━GDP 성장률

　미국과 중국의 총 GDP 비교 그래프는 1995년까지의 일본과 미국 간 GDP 비교 그래프와 너무나도 유사하다. 게다가 미국경제규모의 70% 선을 넘긴 이후에 갑자기 그 격차가 오히려 커지기 시작했다. 중국의 경제성장률 추이와 향후 전망도 다소 충격적이다. 당장 내년부터 4% 성장에 들어서고 조만간 3% 성장에 머문다는 전망이다.

　일본이 미국을 넘어설 거라는 전망이 나오던 시기와 너무나도 비슷한 모습을 보이는데, 과연 우연의 일치일까?

　향후 어떻게 진행될지에 대한 예상과 판단은 독자분들이나 나보다 더 경제적 식견이 뛰어난 분들께 미루겠다. 다만, 이번 경우도 현재만을 보고 판단해 보자. 우리 경제의 성장견인차 역할을 해오던 중국경제의 성장이 이전 같은 수준을 기대하기는 힘들어졌다. 이는 주지의 사실이다.

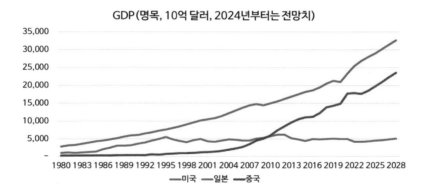

GDP(명목, 10억 달러, 2024년부터는 전망치)

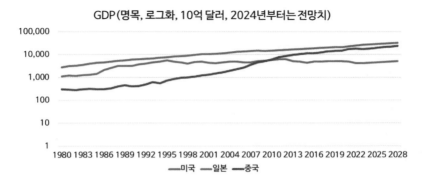

GDP(명목, 로그화, 10억 달러, 2024년부터는 전망치)

» 바구니가 떨어지면?

중국에 큰 의존을 해온 우리 경제에 앞으로 어려움이 있을 것은 이제
부정하기 힘들 것이다. 게다가, 한국은행 총재께서는 중국 특수가 끝
났다는 말만 하신 게 아니다. 그보다도 더 강한 말씀도 많이 해오셨다.

**"중국의 부상이 우리 산업 패러다임의 변화를 늦추고,
산업 구조가 더 높은 단계로 가야 할 시간을 늦췄다."**

**"중국이 우리를 쫓아올 것이란 생각을 못 하고, 패러
다임 전환에 나서지 않으며 안주했다."**

이런 식으로 말이다.

너무나도 뼈아픈 한국경제에 대한 비판이다. 중국의 경제성장에 취하고 중국의 산업경쟁력을 얕봐왔다는 지적이다. 이제 그 중국 특수가 끝나가니, 아니 어쩌면 이미 끝났으니, 대한민국의 경제가 어디로 가게 될지 우리는 생각해 봐야 한다. 문제는 어디서부터 살펴볼지 모르겠다는 것이다. 우리가 중구 특수를 누린 결과 어떤 성취를 이뤘는지를 먼저 살펴본다면 그 특수가 사라지고 나서 우리 경제가 어떻게 흘러갈지에 대해서 조금은 실마리를 얻을 수도 있다.[56]

---

56 IMF DATAMAPPER, GDP per capita, current prices, U.S. dollars per capita, IMF

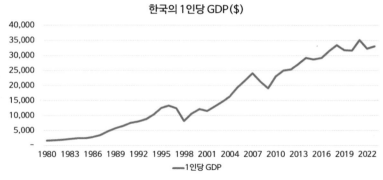

한국의 1인당 GDP($)

(https://www.imf.org/external/datamapper/NGDPDPC@WEO/KOR)

맨 첫 번째 주제에서도 소개하긴 했던 내용이지만, 다시 살펴보자. 한국의 1인당 GDP 추이이다. 1980년부터 IMF 사태의 직전인 1996년까지 엄청난 성장을 보여준다. 1980년에 약 1,710달러에 불과하던 것이 1996년에는 무려 13,400달러까지 올라와서 16년 만에 8배 가깝게 올라왔다. 이후에는 IMF 사태를 겪고 일시적으로 8,270달러까지 내려갔다가 다시 성장을 거듭한다. 마찬가지로 2008년 금융위기를 겪는 등의 부침이 이어서 발생하지만 위기를 딛고 꾸준히 성장한다. 2023년에는 33,150달러에 육박하는 1인당 GDP를 이룩하게 된다.

1996년하고 비교해 보면 30년 가까이 되는 기간 동안 1인당 경제총생산인 3배에 조금 못 미치게 늘어났다. 많다면 많을 수 있지만, 이전과 비교해 보면 확실하게 주춤한 성장세였다. 경제규모가 어느 정도 커진 이후이니 어쩔 수 없는 면도 있었을 것이다.

하지만, 우리가 맨 앞에서 한국의 경제적 지위가 상대적으로 어떻게 변화해 왔는지 보았기에, 이 절대적인 상승이 세계를 놓고 보았을 때 평범한 수준에 그쳤음을 알고 있다. 다시 한번 짚고 넘어가 보자.

1994년 IMF 집계가능국가 기준 대한민국의 1인당 GDP 순위는 35위

30여 년이 지난 2023년 마찬가지 기준 대한민국의 1인당 GDP 순위는 35위

1994년 IMF 집계가능국가 기준 대한민국의 GDP 순위는 12위

2023년 10월 IMF 집계가능국가 기준 대한민국의 GDP 순위는 13위

첫 주제에서 얘기한 것과 마찬가지로 1994년에 대한민국은 이미 세계 12위 규모의 경제대국이었다. 현재 2023년 IMF 10월 전망 기준으로는 13위다.

중국 특수 덕분에 지난 30여 년간 성장해 온 결과가 제자리걸음이다. 전체 총 GDP의 순위는 오히려 뒷걸음질 쳤다. 결국 한국은 IMF 금융위기 이후에 상대적인 경제규모에 있어서 IMF 금융위기 이전 수준을 넘어서지 못하고 있다는 의미가 된다. 그래도 평균은 했다는 의미이니 다행일 수도 있다. 어쨌든 평균 정도로는 성장해 왔다. 그렇다면 앞으로는 어떨까?

우리가 중국이란 바구니에 많은 것을 담았다는 경고가 많았다. 그 중국의 특수 덕분에 우리 경제가 성장해 왔다는 얘기도 많았다. 중국이 우리 수출에서 차지하는 비중이 상당했다. 자연스레 경제에 미치는 영향도 상당하다는 분석과 평가가 많았다. 그런데 그 결과가 제자리걸음이었다. **중국 특수의 힘으로 간신히 평균수준의 성장을 해서 1994년의 위치를 현재까지 '지켜'냈다.**

우리는 중국 특수 덕분에 정체해 왔다. 비꼬는 의미가 아니라 그 특수라도 있었던 덕분에 정체라도 할 수 있었다는 얘기가 되겠다.

그럼 앞으로는 어떻게 될까? 특수 덕분에 정체하는 나라에서 특수가 사라지면 어떤 일이 벌어질지, 우리는 그 불안한 미래로 나아가고 있다.

5 | 말할 수 없는 비밀

» **32조 적자기업**

> **"전기요금 적기 인상이 불가피하다는 점에 대한 국
> 민 여러분의 깊은 이해를 간곡히 부탁드립니다."**

—정승일 전 한국전력공사 사장 '전기요금 정상화와 관련하여
국민 여러분께 드리는 말씀' 중

2023년 12월 5일 기준, 기업 가치의 총평가액이라고 할 수 있는 시
가총액이 약 12조 3,065억에 이르는 기업이 하나 있다. 그 이름은 한
국전력공사. 대한민국의 유일무이한 전력공급회사로 사실상 전력시장
을 독점 중인 공기업이다.

현대 문명사회에 필수적인 전기를 공급해 주는 회사이니 대한민국에 이보다 더 중요한 공기업이 또 어디 있을지 궁금하다. 전기가 끊기면 우리가 현재 누리는 대부분의 문명 혜택이 한순간에 사라질 것이다. 이토록 중요한 산업을 독점 중인 회사이니 또 당연하게도 돈도 많이 벌 것이다. 아니, 적어도 적자가 날 환경이 되기 힘들 것이다. 독점 중이니 가격을 올리면 그만 아닌가?

　　헌데 이상한 일이 벌어지고 있다. 한국 전력이 대규모 적자가 나기 시작한 것이다. 게다가 한두 푼도 아니고 조 단위의 돈이 말이다. 아니 심지어는 수십조가 적자가 났단다.[57]

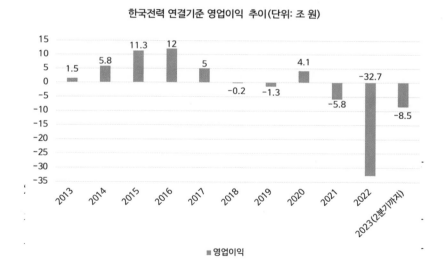

한국전력 연결기준 영업이익 추이(단위: 조 원)

57　한국전력공사 공시자료, 그림은 저자 재구성

이래 존재한 적이 없었다.

그렇다면 한국전력이 원래 이렇게 적자가 심각하게 나는 기업이었을까? 그렇지도 않다. 한국전력이 지금은 시가총액이 12조 정도에 그쳐 다른 대기업들과 비교도 안 되지만, 국내 전력시장을 독점한 초거대 기업으로 시가총액 1위를 한 전력도 있었다. 또, 위에 나온 숫자들만 보더라도 2017년 전에는 상당한 흑자를 내왔다. 한때는 국민주로써, 국민기업이라고도 불렸던 우량한 거대회사였다.

시장의 높은 평가를 상장 이래 꾸준히 받아온 공기업이, 최근에는 조 단위 적자가 3년 연속으로 나게 생겼고, 2022년에만 32조가 넘는 적자를 내는 상황에 빠진 것이다.

적자가 갑작스럽게 커지다 보니 부채도 자연스레 급등하기 시작했다. 한국전력의 현재 총자산은 2023년 9월 기준으로 240조 2,443억이라고 한다. 헌데, 부채의 총계가 무려 204조 628억이다. 자산에서 부채를 뺀 자본과 이에 대비한 부채의 비율을 알려주는 부채비율 지표는 2020년 말 187%에서 2023년 말 570%가 넘길 것으로 예상되고 있다.

게다가 이뿐만이 아니다. 이 부채 중에서 한국전력이 부채의 이자를 부담해야 하는 이자 발생 부채는 2020년 말의 약 74조 원 규모에서 2023년 말에 138조 원 규모로 올라왔다고 추정된다. 이자만 하루에 70억 이상을 내고 있다는 추산이다. 과거에 수조 원대 흑자를 꾸준히 내오던 기업이 이제는 부채가 많아서 1년에 이자로만 2~3조 원을 내야 하는 처지가 됐다.

부채가 급증하니 또 예상하지 못한 문제가 발생했다. 전력시장을 독점하는 사업가여서 안정적인 운영을 할 것이라 예상한 것인지, 관련법을 통해서 한국전력공사가 발행할 수 있는 채권(한전채)의 한도를 자본금과 적립금의 2배 한도 내로 제한해 왔었다.

그런데 수조 적자가 난 것도 힘든데, 수십조 적자가 나버리니 그동안 쌓아놓은 적립금이 바닥을 보이기 시작했고, 채권을 끊임없이 발행하게 된 것이다. 현재 한전채 누적 잔액이 약 82조 정도로 추정된다.

한국전력공사 자본금 + 적립금, 사채발행한도 현황(단위: 조 원)

	2018	2019	2020	2021	2022	2023
자본금 + 적립금[58]	54	52.9	50.3	51.4	45.9	21
법정 사채발행 한도[59]	108	105.8	100.6	102.8	91.8	105

위 표를 보면, 50조를 넘게 유지한 자본금과 적립금의 합이 2023년에 한순간에 21조로 쪼그라들었다. 결국 자본금과 적립금의 합한 금액에 2배까지만 허용해서는 돈도 없는 회사가 있는 채권까지 줄여나가야 하는 상황에 내몰리게 되어 어쩔 수 없이 관련법을 개정하기에 이르렀다. 자본금 + 적립금 총합의 2배에서 5배로 말이다. 게다가 산업통상자원부 장관의 허가가 있으면 6배까지 오를 수 있게 예외조항까지 두었다.

---

58 한국전력공사 공시자료(2023년 제외), 저자 재구성 (2023년은 추정치)

59 자본금+적립금을 바탕으로 한 법에 따른 한도금액(2023년은 추정치)

문제는 위의 2023년 수치가 이는 2022년 실적을 바탕으로 한 자본금 + 적립금 수치란 것이다. 아까 위에서 언급했듯이, 2023년에도 또 수조 원의 적자를 낼 예정이다. 이렇게 되면 2024년에 한국전력공사가 법적으로 발행 가능한 한도가 또다시 쪼그라든다. 2023년 기준으로는 100~120조까지 가능했지만, 2024년에는 2023년 실적에 조 단위 적자가 나는 것을 반영하면 더욱 작아진단 말이다.

현재 책을 쓰는 시점의 기준으로, 한국전력공사의 2023년 전체 순이익이 6조 적자가 될 것으로 예상되고 있다. 이렇게 되면, 21조에서 6조를 뺀 금액인 15조가 자본금 + 적립금의 규모가 된다. 15조의 5배는 75조로, 현재 알려진 누적 한전채 잔액 82조에 미치지 못하고, 6배인 90조가 되어야 간신히 법정 한도 내를 유지하게 된다.

우리에게 당장 어떤 부작용이 닥칠까? 일단 가장 와닿는 현상은 전기료의 인상이겠다. 당연히 한국전력공사가 적자가 나는데 이를 충당하려면 전기를 사용하는 사람들에게서 더 많은 돈을 받는 것이 맞겠다. 덕분에 전기료는 최근에 계속해서 올라가고 있다.

용도별로 가격이 다르고, 전기요금을 책정하는 시스템이 복잡하지만, 한국전력의 공시자료상 전력 판매단가가 2017년 kWh당 109원 정도에 그치던 것이, 2023년 12월에는 무려 166.1원까지 올라왔다.

내년에는 어떨까? 아니, 사실 내년이 문제가 아니다. 한국전력공사가 깔고 앉은 수십조의 거대한 빚더미가 해결되기 전까지는 전기요금이 내려갈 가능성보다 올라갈 가능성에 거는 쪽이 무조건 승률이 높을 것이다.

왜 이런 상황에 놓였는지에 대해서는 내가 논하지는 않을 것이다. 중요한 건 한국의 전력공급을 책임지는 독점 전력회사가 거대한 부채에 뒤덮여 있고, 그 부채로부터의 탈출이 언제 이뤄질지도 모르고 한계에 놓여 있다는 사실이다. 그리고 이 사례는 앞으로 본 장에서 내가 얘기해 나갈 공기업 이야기의 시작에 불과하다.

» 15조 떼어먹은 나라

한국전력공사와 대비되게 2020년부터 올해 전망되는 2023년 실적까지 4년 연속으로 영업이익이 조 단위 흑자가 난 공기업이 있다. 2020년 9천억, 2021년 1조 2,000억, 2022년 2조 4,000억, 2023년에는 1조 6,000억의 흑자가 예상된다. 이 회사의 이름은 한국가스공사다.

이 수치만 보면, '역시 한쪽이 적자가 나면 한쪽은 또 흑자가 나는 기업이 있구나.'하는 생각이 들 수도 있다. 분명 수치상으로는 꾸준히 돈을 잘 벌고 있으니까 말이다. 그런데 이 회사의 재무제표를 보면, 무언가 이상한 부분이 관찰된다.

2020년 가스공사의 자산총계는 약 36조, 부채총계는 28조 정도였다. 그런데, 2023년 9월 기준으로는 자산총계가 56조 규모에 부채가 46조 규모로 부채가 급격하게 늘어났다. 심지어 2023년 말에 예상되는 자산총계와 부채총계는 각각 62조 규모와 51조 규모로 더 늘어난

다. 불과 3년 사이에 과장 조금 보태면 부채가 2배가 되었다.[60]

어째서 흑자가 나는 회사가 빚을 계속해서 늘릴까? 답변은 생각보다 쉽고 간단하다. 받아야 할 돈을 못 받고 돈을 떼인 상태여서 그렇단다. 아니 공기업이 대체 누구한테 돈을 떼인단 말일까? 이에 대한 답변은 더 쉽다. 대한민국 정부가 떼어먹었단다.

정부가 떼어먹었다니, 조금 표현이 과격하다고 생각하실 수도 있겠다. 그럼에도 떼어먹었다는 표현을 쓴 이유는 이 돈들이 한국가스공사가 받아야 마땅한 돈인 것으로 회계처리가 되고 있는 상황에서 수년째 기약 없이 그 규모만 늘어나고 있기 때문이다.

설명이 조금 필요해 보이니 천천히 더 설명해 보겠다. 일단 그전에 아무리 그래도 떼어먹었다는 표현에 반감이 많을 수 있으니 조금은 그럴싸해 보이는 '미수금'이라는 용어로 변경해서 앞으로 얘기해 보자.

한국의 가스요금은 명목적으로, 또 공식적으로 연료비 연동제를 따른다. 이 말은 가스를 들여오는 가격이 내려가면 우리가 내는 가스요금도 내려가고, 마찬가지로 들여오는 가격이 올라가면 우리가 내는 가스요금도 올라간다는 말이다.

문제는 가스요금이 서민 생활에 직결되는 요소이다 보니, 명목상으로만 연료비 연동제를 따르고, 실질적으로는 따르지 않았다는 것이다. 다시 말하면, 들여오는 가스비용이 많이 올랐는데, 우리가 내는 가스요금이 그에 맞춰서 올라가지 못했다는 얘기다.

---

60 한국가스공사 공시자료

안타깝게도 대한민국은 가스 사용의 사실상 전량을 수입에 의존한다. 덕분에 우리는 사실상 전량을 수입해서 써야 한다. 도대체 이 가스라는 녀석의 가격이 어떻게 변화해 왔는지를 살펴보자.

대표적인 천연가스 생산국이자 세계 1위 경제대국인 미국의 천연가스 가격 흐름이다(헨리허브 스팟).[61] 확실히 2021년에 이상하게 급격한 상승을 보이고 나서 2023년의 직전까지 높은 수준의 가격을 보여주고 있다.

헌데, 최근에는 꽤나 낮은 가격까지 떨어졌다. 그렇다면 한국가스공사가 2021년부터 2023년이 되기 전까지는 어려웠을지라도, 이미 그

---

61 Henry Hub Natural Gas Spot Price (Dollars per Million Btu), EIA

시점이 지난 지금에는 괜찮아야 할 텐데, 아직까지도 가스공사와 관련된 긍정적인 뉴스는 나오지를 않는다. 아주 이상하다. 조금만 더 찾아봐야겠다.

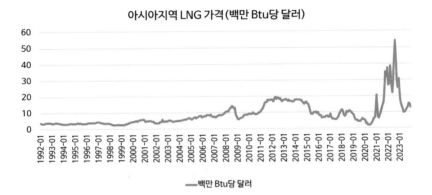

아시아지역 LNG 가격(백만 Btu당 달러)

—백만 Btu당 달러

자원 빈국의 비애이자 비극이 여기서 발생한다. 천연가스가 거래되는 가격이 지역마다 다르고 그 움직임마저도 달랐던 것이다. 이 차트[62]를 보면, 한국이 속한 아시아지역에서 거래되는 액화천연가스(LNG)의 가격은 2021년에 갑작스럽게 상승한 이후에 최근에 그 급격한 상승을 조금 반납하는가 싶더니 2023년 10월부터 가격은 다시 올라가기 시작했다. 이 가격이 급등했던 기간, 그리고 지금 이 순간까지도 가스를 사

62 International Monetary Fund, Global price of LNG, Asia [PNGASJPUSDM], retrieved from FRED, Federal Reserve Bank of St. Louis; https://fred.stlouisfed.org/series/PNGASJPUSDM, January 12, 2024

오는 가격이 옛날에 사 오는 가격보다 매우 비싸졌다는 얘기이다.

그럼 한국가스공사의 미수금 규모는 현재 어느 정도일까?

2023년 말 기준으로 약 15조 원을 조금 넘는 것으로 추정된다.

이상의 상황을 종합해 보면, 이 미수금은 결국 대한민국 사람들이 가스요금을 원가보다 저렴하게 사용해 오다 보니 발생했다는 말이 된다. 나를 포함한 우리 국민들이 15조 원어치의 요금을 덜 냈다는 의미다. 근데 이게 회계상으로는 이익이자 자산으로 잡힌다.

이 미수금이 자산으로 잡힌다는 말이다. 그 결과, 한국가스공사는 수중에 실제 돈이 없는데 장부상 자산은 늘어나고 회계상 이익이 나는 괴이한 상태에 놓였다. 그러다 보니, 결국 미수금이 15조 원을 넘길 정도로 늘어나자 한국가스공사의 부채가 폭증하게 된 것이다.

그렇다면 아까 위에서 보여준 한국가스공사의 부채, 자산 현황을 다시 돌이켜 보게 될 수밖에 없다. 분명 2023년 말에 예상되는 자산총계와 부채총계가 각각 62조와 51조 규모라고 했었다.

잠시만, 여기서 15조 규모의 미수금(자산)을 빼고 나면 자산보다 부채가 더 많아지지 않는가? 이런 상태를 우리는 자본잠식이라고 보통 부르지 않던가? 한국가스공사는 15조 미수금을 제외하면 완전자본잠식 상태의 회사가 된다. 한국의 가스수급을 책임지는 회사가 사실상의 '자본잠식' 상태라는 말이다.

그래서 또 무슨 상관이냐고 물을 수 있겠다. 사실 여기까지 책을 읽으신 분들이라면, 이제는 그런 의문을 갖는 분들이 많지는 않을 거라고 생각되지만, 혹시나 해서 얘기 드리자면, 당연히 가스요금이 올라갈 가능성이 크다. 아니, 가스요금이 안 올라간다고 하더라도 이 금액은 결국 대한민국 국민들이 책임져야 할 돈이다. 대한민국 정부가 만든 공기업이니 말이다.

혹자는 국가 전체 관점에서 보면 15조는 그다지 큰돈이 아니니 심각한 문제까지 이어지지 않을 것이라고 얘기할 수 있다. 물론, 이 또한 사실이다. 만약 15조만 문제라면 말이다. 앞에서 우리는 이미 더 큰 위기를 겪고 있는 한국전력공사의 상황을 보았다.

그 문제와 이 문제가 합쳐지면 어떨까? 마찬가지로 한국전력공사의 문제도 국가 전체가 나서서 국가가 돈을 주면 그만이니 또 심각한 문제가 아닌 것일까?

조금만 더 생각해 보자. 우리는 지금 겨우 공기업 두 곳만을 들춰봤을 뿐이다. 물론 가장 대표적이고 제일 큰 위험일 테니까 내가 먼저 소개했겠지만, 당연하게도 아직 할 얘기는 많이 남아 있다.

» 공사(公社), 공사(空社)

국가철도공단, 대한석탄공사, 한국광해광업공단, 한국석유공사. 기획재정부의 "23~'27년 공공기관 중장기재무관리계획 수립"[63]에 나와 있는 35개 기관 중 이미 자산보다 부채가 많은 기관들이다. 적게는 수

---

63 『23~'27년 공공기관 중장기재무관리계획』 주요내용, 기획재정부, 2023, 2023.9.1

백억에서 많게는 조 단위로 부채가 자산규모를 넘어섰다. 우리가 보통 자본잠식 상태라고 칭하는 상태이다.

먼저 살펴본 한국전력과 한국가스공사는 물론이고 방금 언급한 회사들을 제외하고도 위험한 곳은 많다. 중소벤처기업진흥공단은 부채비율 552.5%, 한국농어촌공사 부채비율 582.8%, 한국주택금융공사 부채비율 216%, 한국철도공사 부채비율 237%, 한국토지주택공사 부채비율 220% 등 부채규모가 큰 기업들도 상당하다.

이 사실들에 더해서 진짜 문제인 것은, 더 많은 수의 기관들이 자신들이 1년 운영해서 얻어낸 돈으로 갖고 있는 빚의 이자조차 제대로 못 내고 있다는 점이다.

이자보상배율이란 개념으로 이를 확인할 수 있는데, 쉽게 얘기해서 해당 기업들의 한 해 영업이익(운영해서 번 돈)으로 자신들이 내야 하는 빚의 이자를 얼마나 낼 수 있느냐를 비율로 나타낸 것이다.

예를 들면, 이자로 100원을 내는데 영업이익이 100원이라면 1이고, 영업이익이 10원이라면 0.1이 된다. 영업이익이 적자가 난다면 음수 (–) 값을 갖게 된다. 한국가스공사와 한국전력공사 및 그 자회사들은 이미 위에서 두 기업을 조망했으니 제외하고 열거해보겠다.

대한석탄공사 –1.3, 주택도시보증공사 –1970.6, 한국공항공사 –2.1, 한국광해광업공단 –0.6, 한국마사회 0.0, 한국자산관리공사 –0.1, 한국장학재단 0.7, 한국주택금융공사 0.2, 한국지역난방공사 –1.7, 한국철도공사 –0.6, 한국토지주택공사 0.3

해당 보고서에 적시된 35개의 공공기관 중에, 한국가스공사와 한국전력공사, 그리고 그들의 자회사를 제외하고 나면 22곳인데, 이 중에서 절반인 11곳이 빌린 돈의 이자를 갚지도 못하는 상태다. 게다가 전체 35개 기업들을 다 합치면 총 부채규모가 629조에 이른다. 정부가 발표한 내년도 예산안이 약 657조 규모다. 나라 전체의 1년 예산과 거의 맞먹는 규모의 부채가 35개 공공기관에만 이렇게 숨겨져 있다.[64]

문제는 여기서 그치지 않는다. 이 보고서에서 언급되지 않는 다른 공공기관들은 어떨까? 또, 요즘에는 지방자치시대라는 구호를 내걸고 지방에서도 자체 공기업 및 공공기관들이 우후죽순 생겨나고 있다. 이런 기관들에 대해서는 우리가 정보를 얻기도 쉽지 않고 제대로 운영이 이뤄지고 있는지에 대한 감시와 관리도 중앙정부 산하의 공공기관 및 공기업들보다는 상대적으로 빈약하다.

행정안전부에서 낸 '2022년도 지방공기업 결산결과 발표' 자료에 따르면, 411개의 지방공기업이 2022년에 도합 1조 9,000억 원의 손실을 냈고 전체 부채 규모가 61조에 이른다고 한다. 여기에 2022년에 행정안전부에서 보도자료로 배포한 '지방공공기관 재무건전성 강화를 위한 부채중점관리 추진안'을 보면, 지방출자출연기관의 부채규모가 2021년 기준으로 약 10조에 이른다고 한다.[65]

정말 많은 부채가 숨어져 있다. 이게 또 전부가 아니다. 가장 큰 부채규모를 자랑하는 회사들이 남아 있다. '금융형 공기업'이라고 알려진 공공기관 중 상당수를 아직 다루지 않았다. 하나하나를 다 살펴보기는

64 2024년 예산안, 기획재정부, 2023, 2023.8
65 2022년도 지방공기업 결산결과 발표, 행정안전부, 2023, 2023.8.6

피곤하다. 마침 2021년에 나온 국책연구소 KDI의 '공기업 부채와 공
사채 문제의 개선방안'[66]이란 자료가 있으니, 이 자료를 바탕으로 좀 더
얘기해 보자.

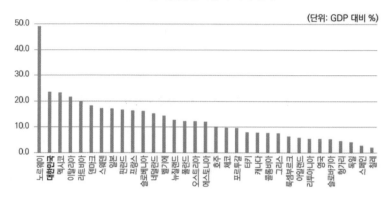

<2017년 비금융공기업 부채 추정치>

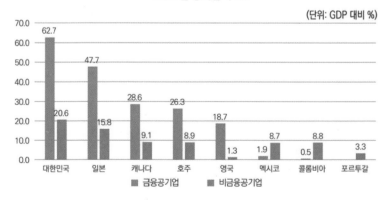

<2019년 공기업 부채>

66 황순주, 공기업 부채와 공사채 문제의 개선방안, KDI FOCUS, KDI, 2021.04.20

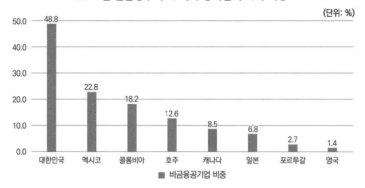

<2019년 일반정부 부채 대비 공기업 부채의 비중>

(단위: %)

비금융공기업 비중

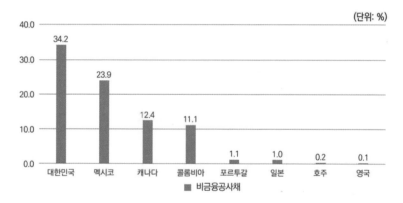

<2019년 국채 발행 부채 대비 공사채 발행 부채의 비중>

(단위: %)

비금융공사채

2017년과 2019년의 자료를 이용할 수밖에 없어서 살짝 아쉽긴 하지만, 작금의 위기가 벌어지기 전에도 한국이 공기업에 막대한 의존을 하고 있었음을 쉽게 알 수가 있다. 비금융공기업의 부채는 2019년에 GDP의 60%에 이를 정도이니 이따가 후술하겠지만, 이 규모는 현재

GDP 대비 일반정부 부채 규모보다도 크다. 그러다 보니, 본 자료에서는 다음과 같은 첨언도 빼놓지 않는다.

> ## "우리나라는 공공사업을 추진할 때 정부 부채보다는 공기업 부채에 의존하는 경향이 크다."
>
> ―KDI FOCUS 제106호 '공기업 부채와 공사채 문제의 개선방안' 中

이 자료가 작성된 시점은, 내가 앞서 언급한 한국전력공사의 적자 문제와 한국공사의 미수금 문제가 발생하기 전의 시점으로, 해당 자료는 현재보다 무척이나 낙관적인 수치이다. 가장 대표적인 한국전력공사 하나만 보더라도 저 자료 작성 이후에 수십 조의 부채가 추가되었으니 말이다.

어떤 독자분들은 이렇게 반문할 수도 있다. "공공기관들은 자산이 거대하니 그 자산을 팔면 부채는 아무 문제도 되지 않는다."라고 말이다. 이 주장도 단순하게 보면 일견 타당해 보일 수도 있다. 하지만, 공공기관의 설립목적이 무엇인가? 잘 생각해 보면, 해당 주장이 이론상으로는 맞을 수 있으나 공허한 주장임을 쉽게 이해할 수 있다.

영리 목적보다 공공의 이익을 위해 설립된 기관의 자산을 매각한다? 그 자산이 현재 영리적 이익을 제대로 내지 못하고 있음을 이미 모두가 목도하고 있다. 또 공공기관들이 갖는 자산들은 그 공공기관들의 설립목적에 걸맞은 특수한 취급의 자산일 가능성이 크다.

그런 자산들의 자산평가가 시장가치에 알맞게 평가되고 있느냐의 문제는 둘째 치고서라도, 애초에 국가가 직접 해야 할 일을 공공기관을 설립해서 추진하기 위해 필요한 자산들인데, 그걸 팔아서 부채를 갚는다는 얘기는 현재 대한민국 정부의 기능을 일부 팔아치워서 부채를 갚는다는 얘기와 진배없다.

국가부채도 국가가 소유한 경찰청, 소방서, 군대라던가 국립공원, 문화재 등을 포함한 자산을 팔아치우면 문제가 없으니 그것들을 팔아서 충당할 수 있는 시점까지는 아무리 늘려도 된다는 말이나 마찬가지이다.

대표적인 공기업의 예를 하나 들어보자. 35조의 적자를 낸 한국전력공사는 아직까지 부채보다 자산이 많다. 그렇다면 한국전력공사의 자산을 다 매각해 버려서 부채를 충당하면 만사가 해결될까? 그럼 결국 전력 민영화라는 얘기인데, 이에 대해 한국사회는 준비가 되어 있을까? 민영화에 대한 찬반여부를 떠나서 말이다.

또, 자산인 발전시설들과 송전시설 등을 매각하려 한다면, 그것을 사는 사람에게 매력적이어야 할 텐데, 구매자들에게 어떻게 수익을 보장해 줄 것인가? 어떻게 잘 해결한다고 해도, 국가는 부채만 갚고 남는 돈은 없는데도, 그 자산을 구매해 간 사람은 자신이 지불한 금액 이상을 최대한 빨리 회수하려고 할 것이니 당연히 전기요금 인상이 발생할 것이라는 추론이 타당하지 않을까?

아무리 좋은 가정을 해도 결국 대한민국 국민들이 부담해야 할 몫이 늘어난다는 사실은 변하지 않는다. 그러니, 공공기관의 자산이 많다고 부채를 무한정 늘려도 된다는 식의 얘기는 무책임하고 공허한 주장에

지나지 않고, 공공기관의 설립목적을 잘 생각해서 해당 자산과 부채를
어느 정도는 분리해서 생각해야 맞을 것이고, 공공기관의 부채 문제가
현실화되고 있음을 인정해야 한다.

3장

환장의 나라

1 밑 빠진 독에 물 붓기

» **공항 전성시대**

아까 우리는 대한민국에 가계부채가 참 많은 것을 확인했는데, 이제는 공공기관 부채도 문제란다. 불행 중 다행일까? 국가부채에 대해서는 별 얘기가 없는 걸 보니, 국가부채에는 큰 문제가 없을 수도 있겠다고 생각할 수 있겠다.

물론 한국의 국가부채가 지금 당장 심각한 규모인 것은 아니다. 비록 최근에 국가부채가 계속해서 증가하는 추세라고는 하더라도, 여전히 다른 나라에 비해서 비교적 건전한 나라라고 알려져 있다.

실제로 OECD에서 순위를 매기는 지표 중에서 우리가 좋은 성적을 내는 몇 안 되는 항목 중에 하나도 국가채무이다. 2022년 OECD 일반

정부 부채 자료에서도 이는 확인된다. [67]

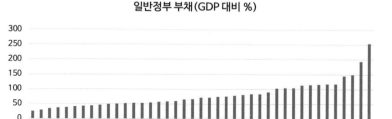

일반정부 부채(GDP 대비 %)

■ 일반정부 부채

(출처: https://data.oecd.org/gga/general-government-debt.htm)

대한민국은 2022년 기준 GDP 대비 58%로, OECD 평균인 89%보다 낮은 부채를 갖고 있음을 볼 수 있다. 하지만 우리는 이제 이 수치가 신기루에 지나지 않음을 쉽게 이해할 수 있다. 대한민국은 정부의 기능을 공공기관으로 상당 부분 이전시켜놓고 그곳에서 부채를 늘려왔다. 그렇게 보면, 2022년의 58%라는 수치가 그렇게 적은 수치만은 아니라는 사실을 이해할 것이다.

여기서 그치지 않는다. 앞서 언급했던 인구의 문제, 연금의 문제 등을 기억하고 있으시다면, 한국의 국가부채도 향후에 전망이 그리 밝지

67 OECD (2024), General government debt (indicator). doi: 10.1787/a0528cc2-en (Accessed on 13 January 2024)

만은 않겠다는 추론을 하고 계신 분들이 벌써 계실 것이라 생각된다. 바로 맞히셨다. 아무리 공공기관에 의존하고 국가기능을 이전시켜서 부채를 숨기려고 노력해 왔지만, 그 노력이 무색하게도 한국의 국가채무는 앞으로 늘어날 일만 남았다. 늘어나게 될 그 규모도 상당하다.[68]

국가채무 규모 및 GDP 대비 비율 전망(단위: 조 원, %)

2020년에 발표된 국회예산정책처의 국가채무 장기전망 그래프다. 머지않은 미래에 한국의 국가채무가 GDP의 100%를 넘길 것이란 전망을 보여준다. 아까 본 통계에서 OECD 평균이 89%였으니 그 수치를 넘기는 순간이 곧 온다는 말이다. 공공기관 부채를 제외하고도 이런 실적을 낼 전망이라는 점에서 미래에 대한 비관적인 느낌을 지우지 않을 수가 없다.

68 2020 NABO 장기 재정전망, 국회예산정책처, 2020, 2020.9

그리고 우리는 해당 자료가 작성된 시점인 2020년 이후에 새로 생긴 돈 나갈 구멍들이 또 많다는 점을 생각해 내지 않을 수가 없다. 2020년과 지금 글을 쓰는 2023년 말 사이에 얼마나 많은 사건·사고와 정책, 정치적 약속들이 있어왔는지를 생각해 보면 쉽게 이해가 되실 것이다.

가장 먼저 조망해볼 돈 나갈 구멍은, 공항이다. 최근에 마침 또 실패하기는 했지만, 재도전의 가능성을 내비친 부산 엑스포 뉴스가 많았으니 아주 밀접한 관련이 있는 가덕도신공항부터 얘기해 보자.

가덕도신공항은 동남권 신공항으로 추진되었고, 특별법에 따라서 그 건설이 의무화되었다고 할 수 있는 부산 가덕도에 들어설 예정인 공항이다. 기존의 김해국제공항이 포화상태인 점, 김해국제공항이 도심지와 가까워서 24시간 운영이 불가능한 점, 군 공항과 같이 쓰다 보니 생기는 애로사항, 주변을 둘러싸고 있는 산들에 의한 안전 문제와 관련된 사고, 또 동남권에도 인천국제공항에 견줄 수 있는 국제적인 공항이 필요하다는 주장이 제기됨에 따라 추진되어 왔다.

원래는 김해국제공항을 확장하는 방향으로 추진되다가 몇 년 전에 아예 가덕도에 새롭게 만들도록 결정되었다.

가덕도신공항은 건설이 사실상 확정된 지금까지도 논란이 많은 사안이다. 하지만 당연하게도 해당 사안에 대해서 내가 옳고 그름을 판단하거나 관련된 논거를 제시하지는 않겠다. 이 책에서 집중할 것은, 그래서 우리가 건설하게 될 신공항이 얼마의 돈이 필요하냐에 관한 것이다. 2021년에 가덕도신공항을 추진하던 한 지자체에서 내놓은 추정치는 약 7.54조 원이었다.

'경제성이 뛰어난 공항'이라고까지 홍보를 했었다. 김해신공항(김해공항 확장안)보다 더 적은 돈으로 더 긴 활주로를 갖출 수 있고 여객과 화물처리도 더 많이 할 수 있다고 열심히 홍보한 것도 기록이 남아 있다. 그렇다면 현재는 어떨까? 2023년 12월 29일날 고시된 '가덕도신공항 건설사업 기본계획 및 지형도면 고시[69]'에 현재 추산되는 금액이 나와 있다.

그 금액은 13조 4,913억 원이다. 재원조달은 '전액 국비로 추진'한다고 나와 있다.

가덕도신공항은 아직 삽도 뜨지 않았다. 많은 분들이 아시겠지만, 보통 이런 대규모 사업들은 종종 건설비가 나중에 가서 훨씬 거대해지곤 한다. 그런 경우를 제외하더라도 인건비와 자재비가 최근 계속해서 올라가서 문제라는 소식을 뉴스에서 듣고 있다. 그런데, 삽을 뜨기도 전에 벌써 가덕도신공항을 밀어붙이던 지자체가 예상한 금액의 거의 2배에 이른다. 재미있는 사실은, 이렇게 막대하게 불어난 공사비가 현재에는 오히려 경제 활성화의 근거로 홍보되고 있다는 소식마저 들려온다는 것이다.

더 큰 문제는 이 공항이 건설된다고 해서 흑자가 날지도 확실치가 않다는 점이다. 해당 사업은 특별법에 따라서 '예비타당성조사'를 면제받았다. 정부의 재정지출이 포함되는 대규모 사업에 대해서 원칙적으로 그

---

[69] 가덕도신공항 건설사업 기본계획 및 지형도면 고시, 국토교통부, 2023, 2023.12.29

사업성을 검토하기 위해 필수적인 그 조사를 면제받았다는 얘기이다.

상식적으로 생각해 보면, 사업성이 너무나도 뛰어나다면 당연히 면제받을 일도 없을 것이다. 면제받았다는 얘기는 해당 사업이 경제성, 사업성을 갖추기 어렵다는 방증이다. 우리는 공항 하나를 건설하는 데 그 공항의 성공 여부도 모르면서 십수 조를 투입할 예정이란 얘기다.

게다가, 공항은 혼자만 덜렁 지어진다고 기능하지 않는다. 당연히 국가도 바보가 아니기에, 가덕도 신공항과 연계된 각종 교통체계를 손본다고 한다. 동남권 광역철도 관련 논의가 대표적이다. 부산-울산-경남에 이어지는 광역철도망을 의미하는데, 이 또한 현재 예비타당성 조사를 면제하고자 하는 움직임이 활발하다.

당연히 사업비는 또 조 단위다. 거기에 부산 도심지에서 가덕도신공항까지 이어지는 부산형 급행철도(BuTX)와 또 경상남도에서 가덕도신공항을 잇는 교통망까지 포함하면 사업비 규모가 얼마나 불어날지 상상하기도 힘들다. 울산에서도 가덕도로 바로 가는 철도망을 원한다고 한다.

가덕도신공항 하나면 얘기도 하지 않았다. 대한민국은 바야흐로 공항 전성시대, 공항 붐이 일고 있다고 해도 과언이 아니다. 현재 공사가 진행 중인 공항은 울릉공항뿐이지만, 앞으로 공사가 사실상 확정된 공항만 나열해보더라도 가덕도, 대구, 흑산, 제주 제2, 새만금, 백령까지, 총 여섯 곳이나 된다.

추가로 지역별로 추진 중인 대표적인 공항이 경기 남부, 포천, 서산공항으로 이 전부를 합치면 열 곳이 된다. 각 공항별로 예산은 적으면 수천억에서 많으면 십수 조가 든다고 추정된다. 물론 추정치에 지나지 않는다. 실제로 짓기 시작하면 얼마만큼의 예산이 소요될지는 정말 모르는 일이다. 거기에 공항을 위한 각종 교통체계 및 인프라 설비 구축까지 감안한다면, 전국에 공항을 짓기 위해 우리가 부담해야 할 비용이 어디까지 치솟을지는 아무도 모른다.

현재 지어지고 있는 울릉공항의 예를 보더라도, 원래 국토부에서 2015년에 발표한 '울릉공항 건설 기본계획 수립 및 타당성 평가 용역 종합보고서'에서 총사업비를 4,932.13억 원으로 산정하던 것이, 현재에는 사업비가 7,000억이 넘었으며 공사가 3분의 1이 넘게 진행된 현재 상황에서 다시 설계변경을 진행 중이다.[70]

급하게 설계가 변경되는 이유도 흥미롭다. 울릉공항, 흑산공항, 백령공항 세 곳은 이미 건설이 진행 중이거나 건설이 확정되어 있다. 문제는 이 세 곳의 활주로가 너무 짧아 수용할 수 있는 비행기의 종류가 적다는 것이다.

언젠가는 항공사들이 해당 공항에 맞추어 작은 항공기들을 도입해주어 공항이 완공되고 나면 문제가 없을 줄 알았지만, 울릉공항의 개항시점이 점점 다가오는 현재까지도 세 공항의 짧은 1,200m짜리의 현재 활주로에 취항할 수 있는 50인석 규모의 작은 항공기들은 아직까지도 항공사들에 의해 도입되지 않고 있으며 50인석 규모의 항공기가 해외에서도 수요가 적어 아예 생산이 중단될 위기에 처했다는 뉴스까지 들려온다.

---

70 울릉공항 건설 기본계획 수립 및 타당성 평가 용역 종합보고서, 국토교통부, 2015, 2015.06

결국 이 상태로 완공해도, 뜨고 내릴 비행기도 없게 생기니 활주로를 80인석 규모의 항공기가 들어설 수 있게끔 설계변경을 추진 중인 것이다. 더 재밌는 사실은 그 80인석 규모의 항공기들도 현재까지 소수 항공사에 의한 '계획' 정도만 있을 뿐이지 실제로 도입되어서 현재 하늘을 날고 있는 항공기는 전무하다는 사실이다.

그러다 보니, 또 사업비 문제가 불거진다. 80인석 규모의 항공기가 뜨고 내릴 수 있도록 설계를 변경하면서 기존조건을 유지하면 사업비가 기존의 2배까지도 늘어날 수 있다는 추산이 나왔다. 이렇게 그냥 사업비를 늘릴 수는 없던 모양인지, 나름의 방법을 생각해 낸 정부에서는 사업비를 최대한 절약하기 위해서 해당 공항의 이착륙 비행 방식의 기준을 바꾸려고 한단다. 여기에서 또 새로운 문제가 대두됨은 말할 것도 없다. 무언가를 희생하니까 사업비가 절감될 것이니 말이다.

기존에는 계기비행 방식의 이착륙이 가능한 공항으로 울릉공항을 설계하였었는데 이를 시계비행 기준으로 바꾼다는 얘기가 나왔다. 이 방식의 차이에 대해서 구체적으로 우리가 알 필요는 없겠다.

다만 시계비행 기준으로 바꾸게 되면 말 그대로 조종사가 직접 눈으로 지형지물을 확인하며 비행하는 방식이라고 하는 점만 알아두자. 결국, 그렇게 시계비행 방식으로 바꾸면 기후가 안 좋거나 밤 등에는 이착륙이 어려워지고 자연스레 항공기 운영의 정시성이 떨어질 가능성이 클 것이란 전망이다. 결항과 지연이 기존의 계기비행 방식보다 훨씬 잦아짐을 의미한다. 다른 공항들이 시계비행 방식을 선택하지 않는 데에는 이유가 있었을 것이다.

공사비를 아껴서 7,000억에서 소폭 증가한 수준으로 공항을 만든다고 한들, 지연과 결항이 잦아져 제대로 된 공항 운영이 어렵다면 무슨 소용이 있을까? 기상 상황에 따라 오가지 못하는 상황이 자주 발생한다면, 배편으로 울릉도를 오가는 것보다 큰 이점을 갖기 힘들지 않을까? 결국에는 계기비행 방식을 유지하기 위해서 최대 2배 가까이 되는 총사업비를 전부 부담하게 되지 않을까?

어떤 시나리오건 긍정적이진 못하다. 7,000억을 써서 무더기 결항과 지연이 발생하는 공항을 짓는 것과 원래 5,000억 들것이라 생각하던 공항에 1조 원을 넘게 쓰는 것 중에 우리는 선택해야 한다.

이런 문제가 비단 울릉공항만의 문제일까? 당연히 다른 공항을 짓는 과정도 순탄치 않을 것이다. 어떤 사업도 처음 계획한 대로 모든 상황이 다 사전에 생각한 대로 순조롭게 흘러가지 않는다. 특히나 국가가 추진하는 사업이기에, 처음 계획한 사업비로 모든 공사를 끝낼 수 있다는 생각은 순진하다는 표현으로도 모자라다. 하물며 5,000억도 안 되는 사업이라고 봤던 울릉공항도 그 비용이 한참이 올랐다. 이대로 가다가는 공사비가 1조 원을 넘길 수도 있는 게 울릉공항이다. 작은 울릉공항에서도 그랬는데, 수조 원 단위, 십수조 단위의 사업이 처음에 계획한 대로의 금액만큼만을 딱 쓰고 공사가 끝날까?

그렇다고 어찌어찌 위에 열거한 공항들이 다 건설되고 나면 다들 만족하고 더 이상 돈 들어갈 일이 없는 것도 아니다. 당장 가덕도신공항만 하더라도 벌써부터 이후 활주로를 추가하는 등의 확장이 필요하다는 논의가 나오고 있다. 게다가, 왜 활주로를 1개로 짓고 시작하냐는 일각에서의 불만마저 나오고 있는 것이 현실이다.

» 선조치 후보고

참으로 이상하다. 분명 인구도 줄어들고 있고, 경제환경은 쉽지 않으며, 각종 복지제도가 위태로운 상황에, 공기업들도 위기상황이다. 그런데 이런 상황 속에서 전국에서 공항들을 짓겠다고 추진 중이거나 이미 그 건설이 확정된 상태다. 물론, 그런 위기의 상황이니 공항으로 대표되는 여러 사회기반시설 정비를 통해서 새로운 돌파구를 마련하는 것이라는 반론이 가능할 것이다.

아예 공감하지 못하는 바가 아니다. '공항이 아예 없는 대한민국은 현재의 대한민국보다 좋은 상황이었겠느냐?'라고 물어보면 당연히 아니라고 말할 테니 말이다.

하지만 이런 식이라면 정반대 반론의 성립도 가능하게 만든다. '그렇다면, 대한민국에 공항을 마을마다 마구잡이로 지어왔다면 지금보다 훨씬 더 좋은 상황에 있었을까?'라는 형태로 말이다. 그 대답 또한 당연히 '아니다.'이다. 공항이 없어도 문제고, 너무 많은 것도 문제다. 너무 당연하다.

우리에게 필요한 공항을 적시에 올바른 위치에 만들어야 맞는 것이지, 아무렇게나 만들면 안 된다는 얘기다. 물론 여태까지 공항이 너무 없어서 문제였을 수도 있다는 주장을 할 수도 있다. 대한민국에 적자를 보는 지방공항만 없었어도 충분히 설득력이 있을 것이다.

2019~2020년 국내 공항 당기손익 현황(단위: 억 원, 인천공항공사 운영 공항 제외)

	무안	여수	양양	울산	포항	청주	사천	광주	군산	원주	대구	김포	김해	제주	계
2019	−119	−144	−142	−125	−129	−53	−57	−51	−33	−34	151	944	1217	155	1582
2020	−141	−111	−119	−105	−101	−91	−44	−49	−31	−30	−50	−125	−83	717	−363

인천공항을 제외하고 한국공항공사가 관리하는 14개 공항들의 2018
년부터 2020년까지의 공항별 손익을 보면,[71] 손해를 보는 공항이 이익을
내는 공항보다 훨씬 많다. 그리고 이 적자는 너무나도 단순하고 간단하
게도, 해당 공항을 이용하는 항공기와 승객이 적은 것에서 기인한다.

이미 이토록 많은 적자 공항이 존재한다. 수요가 적어서 대부분의 공
항에서는 비행기가 아주 뜸하게 나는 정도에 불과하다. 이런 상황에서
앞으로 10개의 공항을 더 짓는단다. 더군다나 인구가 계속 줄어든다는
소식이 늘 들려오는 와중이라는 점도 감안해야 한다.

10개가 다 완성되고 나면 기존 공항을 일부 폐쇄한다고 하더라도 한
국에 공항이 20개가 넘게 된다. 좁은 국토 덕분에 육로로 대부분이 이
어져 있는 대한민국이 앞으로 경제도 어렵고 인구도 줄어들 예정인데,
공항만 20개가 넘어갈 예정이다. 만약 이 공항 사업들이 모두 성공해
서 대한민국이 다시 한번 비상한다면, '공항주도 성장'이라는 새로운
경제성장 이론을 만들어 낼 수도 있을 것 같다는 생각마저 든다.

대표적으로 공항을 꼽아서 얘기했지만, 다른 여러 가지 사업들도 마

---

71 소병훈, 국내 지방공항 코로나 이전 상태로 정상화 조짐, 국회의원 소병훈, 2021,
    2021.10.13

찬가지다. 단순한 도로에서부터 시작해서 트램, 지하철, 광역철도를 거쳐서 공항에까지 이르는 다양한 기반시설과 관련된 사업은 물론이고, 여러 국제대회 유치나 근원도 알 수 없는 각종 축제의 신설은 지금 이 순간에도 전국 곳곳에서 발생하고 있다. 문제는 우리가 알 수 없게 시작되는 각종 사업이 결국에는 대한민국 국민들인 우리가 내는 세금을 쓰게 된다는 점이다.

지방자치제도에 대한 나의 어떤 의견을 피력하려는 의도라던가 각종 사업에 대한 내 의견을 개진하려는 의도는 전혀 없다. 다만, 일반 국민들이 결국 대부분 부담하게 될 국가사업들을 일부 지역이나 일부 단체 혹은 시민들이 추진해서 대부분 국민들은 그 결과에 대한 전망이나 대략적인 개요에 대한 이해도 없이 돈만 내고 넘어가는 현재의 상황이 맞는지는 정말 큰 의문을 자아내기에 충분하다.

최근에 큰 논란을 빚었던 새만금 잼버리만 봐도 그렇다. 대다수의 국민들은 그런 국제 행사가 열린다는 사실조차 행사가 열리고 나서야 알게 된 수준이다. 그런 사업에 직접적인 사업비 규모로 들어간 돈만 1,171억에 이른다고 하고, 관련된 사회간접자본 예산은 10조가 넘는다는 추산도 나온다.

또 많은 독자분들이 모르실 수도 있는 국제 행사 얘기를 하나 해보겠다. 2019년에 광주에서 열린 세계수영선수권대회를 아시는 분이 계시는가? 이 국제 행사는 유치 단계에서부터 말이 많았다. 그 이유는 행사를 유치하기 위해서 정부의 공문서를 위조했다는 혐의가 있었기 때문이다. 그리고 이 혐의는 기소된 분들이 선고유예 판결을 받음으로써 사실상 공문서위조 행위가 있다는 사실을 재판부가 인정했다.

그렇다면 왜 공문서를 위조하게 된 걸까? 정부보증서는 정부가 해당 행사를 재정적으로 지원해 줄 것임을 보증하는 문서라고 볼 수 있다. 지방정부가 알아서 유치하고 알아서 해결하면 될 일인데 왜 우리는 이토록 굳이 정부가 나서야 하는 걸까? 지방정부들이 스스로 책임지고 알아서 재원을 조달하면 안 되는 걸까? 도대체 이유가 뭘까? 역시나, 또 답은 간단하다. 지방정부가 돈이 없다. 너무나도 쉽다.

행정구역별 재정자립도(%)

	2019	2020	2021	2022	2023
전국	44.9	45.2	43.6	45.3	45.0
서울특별시	76.5	76.1	75.6	76.3	75.4
부산광역시	50.0	49.2	46.1	46.9	46.0
대구광역시	45.9	45.4	44.6	47.9	47.4
인천광역시	57.7	54.0	50.3	52.8	52.4
광주광역시	40.8	41.1	40.8	41.1	42.3
대전광역시	43.9	41.4	39.9	42.4	42.3
울산광역시	53.7	51.6	49.6	48.7	49.8
세종특별자치시	62.1	59.3	58.8	56.9	57.2
경기도	60.5	58.6	57.3	61.6	60.5
강원특별자치도	23.5	25.8	24.5	24.7	25.4
충청북도	28.7	30.1	28.3	30.2	32.1
충청남도	33.0	34.4	32.3	33.1	33.6
전라북도	20.4	24.9	23.1	23.8	23.8
전라남도	19.1	23.3	22.2	24.2	23.9
경상북도	24.9	27.1	24.9	25.6	25.3
경상남도	33.4	34.3	33.5	32.8	33.7
제주특별자치도	33.0	32.9	32.7	32.7	33.3

한국의 광역자치단체 재정자립도는 2023년 기준으로 45% 정도에 그친다.[72] 그나마도 수도권과 세종시를 제외하면 더 내려간다. 재정자립도는 지방정부의 전체재원 대비 자주재원(지방정부 자체수입)의 비율을 의미하는 것인데, 이 비율이 50%가 안 된다는 것은 결국 절반 이상의 재원을 중앙정부에서 받아 온다는 얘기다. 상황이 이러니, 지방정부는 대부분의 경우 스스로의 재원과 돈으로 무언가 사업을 추진하기가 매우 어렵다.

그러니 결국, 정부보증서를 위조하면서까지 행사를 유치하려고 노력하고 정부의 재정적 지원을 받아내려고 노력하는 거다. 그리고 대다수의 국민들은 어떤 행사가 추진되고 있다는 사실조차 모르는 경우 많다. 전국에 광역자치단체는 17개인데, 기초자치단체는 226개에 이르고, 여기에 또 지방교육청도 별도로 세어줘야 한다.

이 수많은 자치조직이 수많은 사업을 각기 추진한다. 그러고 나서 필요한 돈은 나중에 가서야 국가에 청구하고 있다. 국민들이 무지해서 모르는 게 아니라 너무나도 많은 지방자치단체가 중앙정부의 재원을 너도나도 가져다가 쓰려고 하니, 국민들이 이를 하나하나 확인하고 알 방법이 사실상 전무하다.

물론 이런 무분별한 사업 추진에 제동장치가 아예 없는 것은 아니다. 대한민국에는 '예비타당성조사'라는 제도가 있다.[73]

---

72 행정안전부(재정정책과), 2023, 2024.01.13, 재정자립도(시도/시/군/구)

73 국가재정법 제38조, 국가법령정보센터, https://www.law.go.kr/lsInfoP.do?lsiSeq=25
1533&efYd=20230710#0000

①기획재정부장관은 총사업비가 500억원 이상이고 국가의 재정지원 규모가 300억원 이상인 신규 사업으로서 다음 각 호의 어느 하나에 해당하는 대규모 사업에 대한 예산을 편성하기 위하여 미리 예비타당성조사를 실시하고, 그 결과를 요약하여 국회 소관 상임위원회와 예산결산특별위원회에 제출하여야 한다. 다만, 제4호의 사업은 제28조에 따라 제출된 중기사업계획서에 의한 재정지출이 500억원 이상 수반되는 신규 사업으로 한다. 〈개정 2008. 2. 29., 2010. 5. 17., 2014. 1. 1., 2020. 6. 9.〉

1. 건설공사가 포함된 사업

2. 「지능정보화 기본법」 제14조제1항에 따른 지능정보화 사업

3. 「과학기술기본법」 제11조에 따른 국가연구개발사업

4. 그 밖에 사회복지, 보건, 교육, 노동, 문화 및 관광, 환경 보호, 농림해양수산, 산업·중소기업 분야의 사업

② 제1항에도 불구하고 다음 각 호의 어느 하나에 해당하는 사업은 대통령령으로 정하는 절차에 따라 예비타당성조사 대상에서 제외한다. 〈신설 2014. 1. 1., 2020. 3. 31., 2020. 6. 9., 2023. 5. 16.〉

1. 공공청사, 교정시설, 초·중등 교육시설의 신·증축 사업

2. 「국가유산기본법」 제3조에 따른 국가유산 복원사업

3. 국가안보와 관계되거나 보안이 필요한 국방 관련 사업

4. 남북교류협력과 관계되거나 국가 간 협약·조약에 따라 추진하는 사업

5. 도로 유지보수, 노후 상수도 개량 등 기존 시설의 효용 증진을 위한 단순개량 및 유지보수사업

6. 「재난 및 안전관리기본법」 제3조제1호에 따른 재난(이하 "재난"이라 한다)복구 지원, 시설 안전성 확보, 보건·식품 안전 문제 등으로 시급한 추진이 필요한 사업

7. 재난예방을 위하여 시급한 추진이 필요한 사업으로서 국회 소관 상임위원회의 동의를 받은 사업

8. 법령에 따라 추진하여야 하는 사업

9. 출연·보조기관의 인건비 및 경상비 지원, 융자 사업 등과 같이 예비타당성조사의 실익이 없는 사업

10. 지역 균형발전, 긴급한 경제·사회적 상황 대응 등을 위하여 국가 정책적으로 추진이 필요한 사업(종전에 경제성 부족 등을 이유로 예비타당성조사를 통과하지 못한 사업은 연계사업의 시행, 주변지역의 개발 등으로 해당 사업과 관련한 경제·사회 여건이 변동하였거나, 예비타당성조사 결과 등을 반영하여 사업을 재기획한 경우에 한정한다)으로서 다음 각 목의 요건을 모두 갖춘 사업. 이 경우, 예비타당성조사 면제 사업의 내역 및 사유를 지체 없이 국회 소관 상임위원회에 보고하여야 한다.

가. 사업목적 및 규모, 추진방안 등 구체적인 사업계획이 수립된 사업

나. 국가 정책적으로 추진이 필요하여 국무회의를 거쳐 확정된 사업

③제1항의 규정에 따라 실시하는 예비타당성조사 대상사업은 기획재정부장관이 중앙관서의 장의 신청에 따라 또는 직권으로 선정할 수 있다. 〈개정 2008. 2. 29., 2014. 1. 1.〉

④기획재정부장관은 국회가 그 의결로 요구하는 사업에 대하여는 예비타당성조사를 실시하여야 한다. 〈개정 2008. 2. 29., 2014. 1. 1.〉

⑤ 기획재정부장관은 제2항제10호에 따라 예비타당성조사를 면제한 사업에 대하여 예비타당성조사 방식에 준하여 사업의 중장기 재정소요, 재원조달방안, 비용과 편익 등을 고려한 효율적 대안 등의 분석을 통하여 사업계획의 적정성을 검토하고, 그 결과를 예산편성에 반영하여야 한다. 〈신설 2020. 3. 31.〉

⑥기획재정부장관은 제1항의 규정에 따른 예비타당성조사 대상사업의 선정기준·조사수행기관·조사방법 및 절차 등에 관한 지침을 마련하여 중앙관서의 장에게 통보하여야 한다. 〈개정 2008. 2. 29., 2014. 1. 1., 2020. 3. 31.〉

[시행일: 2024. 5. 17.] 제38조

하지만 예비타당성조사가 국제 행사까지 막을 수는 없고, 더 큰 문제는 최근에 이것이 무용화되고 있다는 점이다. 대표적인 예가 앞서서 언급했던 가덕도신공항이 되겠다. 가덕도신공항 건설을 위한 특별법 제7조[74](예비타당성조사 실시에 관한 특례)에 따르면 '기획재정부장관은 신공항건설사업의 신속하고 원활한 추진을 위하여 필요하다고 인정되는 경우에는 「국가재정법」 제38조 제1항에도 불구하고 예비타당성조사를 면제할 수 있다.'라고 나와 있다. 결국 예비타당성조사를 면제한다는 이야기이다.

이외에도 예비타당성조사 면제는 현재 너무나도 흔하게 이뤄지고 있다. 광주-대구를 잇는다는, 수조 원이 들어가는 달빛철도의 예비타당성조사 면제를 담은 특별법이 얼마 전 국회에서 가결 통과되었다.

이렇게 간편하게 특별법을 하나 만들어서 예비타당성조사를 면제시키면 된다고 하니, 마음씨 착한 사람들은 모르겠지만, 나처럼 심상이 뒤틀린 사람들은 먼저 나서서 하루라도 빨리, 조금이라도 더 많이 국가에서 돈을 타 먹기 위해서 무리한 사업이라도 추진할 것 같다.

독자분들은 어떻게 생각할지 궁금하다. 물론 나나 혹여 나쁜 마음을 먹는 독자분들과는 다르게 마음씨 착하시고 훌륭한 인품을 갖추신 우리 대한민국의 정치인분들께서 그럴 리는 없을 테지만 말이다.

---

74 가덕도신공항 건설을 위한 특별법, 국가법령정보센터, https://www.law.go.kr/lsInfoP.do?lsiSeq=250945&efYd=20231117#0000

» 책임전가

어쨌든 결국 이런저런 과정을 거쳐서 국가가 돈을 지원하도록 결정되기 시작하면, 갑자기 추진하던 지역이나 지역 내 관련 단체들은 쏙 사라지고 국가가 전적으로 사업을 떠맡기 시작한다. 광주 세계수영선수권 대회도 공문서를 위조했음에도 불구하고 결국 정부가 책임지고 대회를 개최했다.

주최국이 개최된 대회에서 한국이 메달을 1개도 못 얻어냈다든가, 관중석이 텅텅 비어 있었다든가, 운영에 대한 해외 언론들의 비판이 많았었다는 점은 차치하고서 말이다. 올해 말에 아쉽게(?) 떨어진 2030 엑스포도 비슷하다. 2016년에 부산시가 정부에 유치 계획서를 제출하고 2018년에 유치 국가사업화가 결정됐다.

아쉽게도 2030년에 엑스포를 유치하는 데 실패해서 당장에 더 큰 돈을 쓰지는 못하겠지만, 유치를 위한 활동 비용을 치렀다. 그 규모는 수천억에 이른다고 한다. 유치에 실패하고도 수천억의 돈을 국가가 지출했다.

앞으로도 계속 추진될 이런저런 사업들과 국제 행사들은. 주로 중앙정부와는 처음에는 무관하게 시작하고 난 뒤에, 난데없이 법제화가 되거나 국가사업으로 추진되며 중앙정부의 재원을 소모하게 될 가능성이 매우 크다. 그렇다면 책임은 도대체 누가 지게 되는 걸까?

여태까지의 정황을 본다면, 사업을 추진하던 사람들이 책임질 일은 매우 적어 보인다. 하물며 공문서를 위조해서 세계 대회를 유치한 관계자들조차 그 혐의가 사실로 나타났음에도 '선고유예'라는 판결을 받은 데다, 결국 중앙정부가 나서서 세계선수권 대회의 개막을 준비해 주었다. 중앙정부가 책임진다는 의미는 우리 모두가 책임진다는 의미와 동일하다. 5,000만 국민이 책임진다는 의미는 또, 역설적으로 누구도 책임지지 않는다는 말이나 마찬가지이다. 5,000만 명이 나눠서 책임을 지면 책임질 게 뭐가 남을지 모르겠다.

그래도 한번 계산해 보자. 5,000만이 책임을 지니 1인당 얼마만큼의 부담을 하면 되는 것일까? 계산을 안 해볼 수가 없다. 아까 가덕도 신공항이 13조 정도였으니 한번 계산해 보자. 우리 모두가 공평하게 부담하면 약 26만 원 정도 내면 된다는 계산이 나온다. 십시일반 해서 26만 원씩만 내면 되니 생각보다 비싸지 않다. 그러니 책임도 없고 마구잡이로 늘리는 것일까? 그래도 되는 것일까?

어쩌면 그래도 된다고 생각을 하는 사람들도 있겠다. 어쩌면 그런 사람들이 너도나도 달려들어 계속해서 국민 모두에게 책임을 내던지고 마구잡이로 사업을 진행 중일 수도 있겠다. 어쩌면 너도나도 뛰어드는 마당에 나나 내 지역만 가만히 있으면 돈만 뜯기고 콩고물은 하나도 안 떨어지니 더욱 무리해서 사업을 추진하려고 할 수도 있겠다.

마음씨 착한 대한민국 사람들과 이런 사업들을 추진할 결정권을 갖는 위정자분들께서는 당연히 그런 나쁜 생각을 안 하시겠지만, 혹여 마음씨 나쁜 사람들이 있다면, 그들에게는 너무나도 유혹이 클 것 같다.

2 이민몽(夢) 판타지

» **외국인이 희망이다**

한국의 인구구조 문제는 물론이고 이를 넘어서서 여러 가지 경제·사회적 문제를 얘기하면 만병통치약처럼 맞받아쳐지는 얘기가 하나 있다. 한국의 복지제도를 비롯한 각종 사회적 경제적 제도들이 인구문제에 의해서 무너지지 않기 위한 방법으로 이곳저곳에서 소개되기도 한다.

바로 이민정책이다. 외국인 이민자를 받아서 국내의 줄어드는 인구를 대체하고 이민자들이 각종 비용들을 부담해 준다면, 한국이란 나라가 더욱 오래 유지되거나 영원히 존속할 수도 있겠다는 구상인 것 같다. 어쩌면 외국인을 많이 받게 되어 인구가 증가하는 상황을 고려해서 공항, 철도 등을 많이 지으려고 하는 것일 수도 있겠다.

저출산이 장기화되고 해결책이 요원해짐에 따라서 더더욱 외국인 이민을 많이 받아 국내의 줄어드는 인구문제를 해결하자는 주장은 최근에 점점 더 거세지는 것 같다. 그 절박감이 커져서 인지는 몰라도 파격적으로 외국인 이민과 인력을 적극적으로 받겠다는 정책의 소식도 들려온다.

2024년부터 '비전문 취업(E-9)비자'로 들어오는 외국인의 수를 16만 5,000명 규모로 늘리기로 결정했다는 소식이 대표적이다. 해당 비자는 이름에서 나오듯이, 전문성을 요하지 않는 일자리에도 외국인들이 취업할 수 있도록 하는 비자이다. 그럼 표를 통해서 그 규모의 변화와 산업군별로 얼마나 많은 사람을 받을 예정인지를 고용노동부 자료로 한번 보자.[75]

2024년 업종별 E-9 동입인원(단위: 명)

구분	총계	제조업	조선업	농축산업	어업	건설업	서비스업	탄력배정
총계	165,000	95,000	5,000	16,000	10,000	6,000	13,000	20,000
2023년 대비 증감	+45,000	+16,500	+2,660	+1,050	+2,380	+2,780	+10,130	+9,500

(제조업)광업포함, (농축산업)임업 포함, (서비스업)음식점업 포함
도입 규모 소진 현황에 따라 소진 업종에 탄력배정분을 신속히 배정·활용하고,
필요 시 업종 간 배분 인원을 조정하여 운영

---

75 내년 외국인력(E-9) 16만5천명 도입 내국인 구인 어려운 음식점업 등 외국인력 허용, 고용노동부, 보도자료, 2023, 2023.11.27

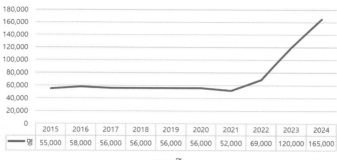

연도별 외국인력(E-9) 도입규모

	2015	2016	2017	2018	2019	2020	2021	2022	2023	2024
명	55,000	58,000	56,000	56,000	56,000	56,000	52,000	69,000	120,000	165,000

2023년에 12만 명을 받기로 한 것을 2024년에는 16만 5,000명으로 4만 5,000명을 늘렸다. 그리고 원래는 5만 명대이던 것이 2022년을 기점으로 가파르게 늘어나고 있음을 볼 수 있다. 산업별로는 특기할 사항이 서비스업이 아닐까 싶다. 음식점업이 포함된 서비스업에 할당된 숫자가 급격하게 늘어났으니, 식당에서 일하는 외국인들을 더욱 보기 쉬워진다는 의미이기도 하겠다.

확실히 엄청난 숫자로 외국인력을 받기 위한 노력을 하고 있다. 아직까지는 외국인들을 이민자로 온전히 받는 실제 정책까지 이어지진 않았지만, 적어도 외국인 근로자를 늘리기 위한 시도는 벌써부터 시작되고 있으며 본격적으로 외국인들의 이민 또한 받기 위해서 이민청을 설립의 얘기도 나오고 있다.

이론적으로 이민자들이 많이 와주고, 수많은 외국인들이 한국에 와서 일해준다면 분명 앞서 언급했던 복지제도의 문제 정도는 어느 정도 해결이 가능할 것이다. 혹시 인구가 늘어날 수도 있고, 필요한 사회간 접자본(도로 등)이 더 필요해질 수도 있기에 대비해야 할 수도 있다. 게다가, 출산율도 높아질 수가 있다. 한국의 출산율은 이미 세계 최악의 꼴등이기 때문에 다른 어떤 나라의 이민자를 받더라도 출산율이 높아질 거란 생각으로 이어진다.

물론 현재 인구를 유지하기 위해서는 매년 수십만 명을 더 받아야 하지만, 완전 대체까지는 바라지도 않는 것이 현재 대한민국의 절박한 심정이기에 조금이라도 이민자가 더 와서 국내의 줄어드는 인구를 미약하게나마 대체해 준다면 큰 도움이 될 것이다.

한마디로 이민 확대는 묘수라고 할 수 있다. 인구구조 문제로 인해 발생할 위기를 이민을 받는 것으로 모두 해결할 수 있으니 묘수라는 말 외에는 표현이 불가하다.

하지만 이렇게 긍정적인 얘기들을 늘어놓을수록 독자분들은 불안감이 커지고 계실 것이다. '또 어떤 부정적인 숫자들이 우리를 기다리고 있기에 그러나.'라고 하시면서 말이다. 당연히 본 책의 제목이 '대한민국 멸망 보고서'인 만큼 현실은 녹록지가 않다. 이제 독자분들이 느끼셨을 그 불안감의 근원지를 찾아 나서보자.

비겁하게 이민을 많이 받았을 경우에 생길 사회문제에 대한 얘기는 하지 않겠다. 지금의 대한민국은 이민의 부작용을 따질 정도로 여유로운 상황이 아니다. 그렇기에 이민청 설립의 논의와 외국인 이민자를 대폭 늘리겠다는 정책적 결정도 나온 것이겠다. 이민을 받으면 부작용이 없다는 말을 하고 싶은 것도 아니다.

서로 말이 다른 사람들을 한꺼번에 대폭 받아들이기 시작하는데, 사회에 아무런 부작용이 없을 수가 없다. 그 문제가 어쩌면 대한민국 멸망을 앞당기거나 멸망의 방아쇠가 될 수도 있을 것이다. 하지만, 그런 식으로 논의를 이어나가는 것은 내 책에서만큼은 너무 비겁하다고 생각한다. 무엇보다 아직 닥치지도 않은 현실이고, 어떻게 될지에 대한 그럴싸한 전망이나 추정이 아직 전혀 존재하지 않는 실정이다. 그렇기에 대규모 이민의 부작용은 다루지 않을 것이다.

그럼 무슨 얘기를 하려고 이렇게 장황하게 밑밥을 까는 걸까? 지체하지 말고 바로 문제점을 지적해 보자.

» 이민대국 망상은 자유

안타깝게도, 최근의 노력이 무색하게 한국에 체류하는 외국인들의 숫자는 코로나가 유행하기 전인 2019년의 정점에 비해서 크게 줄어든 상태다. 이는 통계로 쉽게 확인할 수가 있으니 바로 보고 가자.[76]

---

[76] 연도별 인구대비 체류외국인 현황(2018~2022년), 출입국통계, 법무부, https://www.moj.go.kr/moj/2412/subview.do

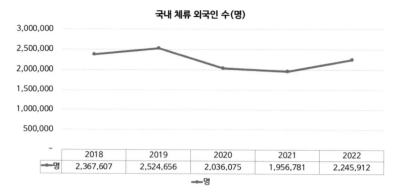

국내 체류 외국인 수(명)

	2018	2019	2020	2021	2022
명	2,367,607	2,524,656	2,036,075	1,956,781	2,245,912

한국에 체류하는 외국인의 수가 어떻게 변화하고 있는지를 볼 수 있다. 체류 외국인의 수가 2019년을 정점으로 2021년까지 감소했고, 최근에 와서야 회복 중인 상황을 볼 수 있다. 코로나의 영향이 정말로 컸다. 2019년과 2021년을 비교해 보면 무려 50만 명이 넘게 감소한 것을 확인할 수 있다.

법무부의 설명을 덧붙이자면, 전체인구 대비 체류 외국인 비율은 코로나19의 영향으로 2019년 4.87%에서 2021년 3.79%까지 감소하였다가 2022년 4.37%로 증가하여 전체인구를 대비한 수치에서도 코로나로 급격한 하락이 있었고, 현재까지 회복이 안 된 상황이라 할 수 있다.

벌써부터 생각만큼 외국인 유치가 생각만큼 쉽지 않다는 사실을 알 수 있을 것이다. 한 번의 충격으로 체류 외국인의 5분의 1이 떠나가고 아직도 그 빈자리가 채워지지 않았다는 얘기는 외국인들의 체류 문제에 있어 충격을 줄 만한 사건·사고가 발생할 때마다 그동안 노력해서 모셔온 외국인들이 한순간에 빠져나갈 위험이 있다는 얘기가 된다.

외국인 이민을 받기 위한 노력을 시작하려면 먼저 그 사람들이 더 이상 빠져나가지 않도록 하기 위한 논의와 고민부터 선행되어야 함을 보여준다.

조금 의문이 들기 시작한다. 분명 요즘에 외국인들이 늘어난 것 같은데 통계로는 막상 수년 전에 비해서 줄어들었다고 하니, 쉽사리 이해가 되지 않을 수도 있다. 혹시 불법체류자를 제대로 포착하지 못해서 그런 것 아닐까 하는 생각에까지 이르실 수도 있을 테다.

결론부터 말씀드리자면, 위의 통계는 불법체류자도 포함된 통계이다. 그리고 불법체류자들도 코로나의 타격을 받기는 마찬가지였다. 바로 보여드리겠다.

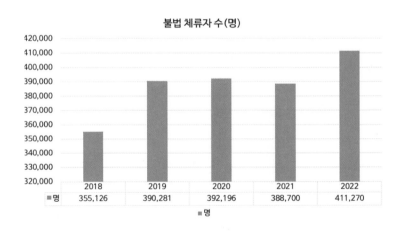

불법 체류자 수(명)

	2018	2019	2020	2021	2022
명	355,126	390,281	392,196	388,700	411,270

2022년에 2019년의 불법체류자 수를 넘어서긴 했지만, 코로나로 인해서 2020년과 2021년의 불법체류자 숫자가 2019년보다 적었음을 볼

수 있다. 그러니 다시 한번 얘기해 드리자면, 생각보다 외국인을 한국에 끌어들이는 일은 쉽지 않은 것이 현실이다.

계속해서 현실이 얼마나 녹록지 않은지 얘기해 보겠다. 앞서 본 숫자들보다 외국인들이 이 나라에서 사는 것을 얼마나 더 선호하고, 실제로 살고 있는지를 잘 나타내 주는 통계가 있다. 바로 한국 내 상주 외국인 수에 관한 통계이다.[77]

위의 체류 외국인 수는, 단순한 체류만을 기준으로 하기에 단기적으로 체류하는 경우도 포함된다. 반면에, 상주 외국인 통계는 한국에 중장기적으로 상주하는 외국인들만을 대상으로 하고 그중에서도 경제활동인구라고 할 수 있는 15세 이상만을 대상으로 한다.

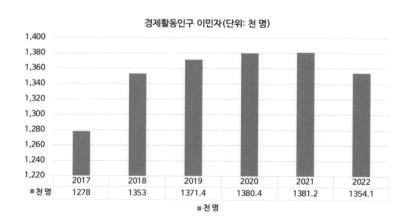

경제활동인구 이민자(단위: 천 명)

	2017	2018	2019	2020	2021	2022
■천 명	1278	1353	1371.4	1380.4	1381.2	1354.1

■천 명

---

77 통계청, 법무부, 『이민자체류실태및고용조사』, 2022, 2022.12.20, 경제활동인구 총괄(이민자)

확실히 중장기적으로 한국에 살고 있는 외국인만을 대상으로 하기에 체류 외국인 수하고는 조금은 다른 숫자가 나온다. 코로나 기간 동안 전체 숫자가 줄어들지도 않은 사실은 고무적이라고 할 수 있다. 다만, 이상한 부분이 눈에 띈다. 2022년에 숫자가 줄어들었다.

2020년에서 2021년으로 가는 시점에 증가세가 둔화한 것은 코로나의 영향으로 이해할 수 있겠지만, 2022년에 감소한 것은 체류 외국인이 늘어나는 바로 위의 통계를 생각해 보면 이상하게 느껴진다.

어떻게 된 일일까? 오히려 한국에 살고 있는 외국인이 2022년에 줄어들었다. 아니 우리는 방금까지 외국인들에 대한 비자발급이 2021년부터 급격하게 늘어나고 있음을 보지 않았나? 해당 비자는 우리가 방금 본 '상주 외국인' 통계에 포함되는 비자이다.

그렇다면 그 비자발급만으로도 수만 명이 더 늘어났어야 정상이지만 2022년의 결과는 2021년보다 적은 상주 외국인의 숫자로 나타났다.

어떤 이유인지는 정확하게 알 수는 없다. 앞에서도 계속 얘기하고 있는 바와 같이, 이유는 중요하지 않다. 현재 벌어지는 사실이 중요한 것이다.

» **탈(脫)조선**

외국인을 한국에 모셔오는 것이 생각만큼 쉽지 않음을 확인했다. 하지만 아직 할 얘기가 남아 있다. 바로 한국인의 해외 이민 이야기다.

생각해 보면, 외국인을 유치할 생각을 하기 전에, 한국을 떠나가는 한국인들을 붙잡는 게 올바른 수순이다. 헌데, 어찌 된 일인지 한국 국적을 버리는 한국인들을 붙잡기 위한 어떤 조치나 논의 등은 들려오지 않는다. 한국에서 떠나가는 사람의 수가 적어서일까? 하는 생각이 들어, 한번 찾아봤다.

최근에 탈조선이라는 말이 유행하고 있다. 헬조선을 넘어서 지옥에서 탈출하자는 의미로 만들어진 신조어이다. 이유는 탈조선을 외치는 사람마다 가지각색이다. 삶이 어려워서, 사회 갈등이 심해서, 사회 분위기가 안 맞아서, 나라에 희망이 안 보여서 등으로 대한민국에 대한 부정적인 생각을 갖는 사람들이 하나둘 모여 탈조선이라는 신조어를 유행시키고 있다.

얼핏 보면, 사회 부적응자들이나 반사회적 가치관을 갖는 사람들의 불평이나 떼쓰기로 보일 수도 있다. 하지만, 실제 통계로까지 '탈조선'이라는 현상이 숫자로 확인된다면 더는 그렇게 단순하게 바라보기 힘들 것이고 만약 숫자로 확인되지 않는다면, 불평이나 떼쓰기에 지나지 않는다는 평가도 가능할 것이다. 다행스럽게도, 평행선을 달리면서 누구 말이 맞는지를 다투지 않아도 되도록 법무부와 통계청에서는 한국의 국적통계를 제공해주고 있다. 과연 탈조선이 실제 숫자로 나타나고 있는지를 한번 보자.[78]

---

78 법무부(출입국 · 외국인정책본부통계연보)

국적통계 추이(단위: 명)

	2010	2011	2012	2013	2014	2015	2016	2017	2018	2019	2020	2021	2022
국적 통계	42,036	44,089	33,212	35,733	35,632	32,837	50,957	35,976	50,190	39,403	47,066	42,043	46,181
귀화	16,312	16,090	10,540	11,270	11,314	10,924	10,108	10,086	11,556	9,914	13,885	10,893	10,248
국적 회복	1,011	2,265	1,987	2,686	2,886	2,609	2,303	2,775	2,698	2,443	1,764	2,714	3,043
국적 상실	22,131	21,473	17,641	19,413	18,150	16,595	35,257	19,364	26,607	22,078	25,034	21,276	25,425
국적 이탈	734	1,324	823	677	1,322	934	1,147	1,905	6,986	2,461	3,651	4,308	3,261
기타	1,848	2,937	2,221	1,693	1,960	1,775	2,142	1,846	2,343	2,507	2,732	2,817	4,204

　오히려 한국 국적을 새롭게 취득하는 사람들의 수를 나타내는 귀화가 2010년과 2011년에 비해서 현재 적은 상황인 점은 차치하고서라도, 국적상실과 국적이탈이 확실하게 늘어나고 있음을 확인할 수 있다. 한국 국적을 한국인이 포기하거나 버리는 상태인 국적상실과 국적이탈을 합치면, 국적회복이 된 수를 감안한다고 하더라도 매년 최소 2만 명씩 대한민국 국적을 포기하고 있다는 의미가 된다.

　심지어 이 숫자는 2010년대보다 2020년대에서 더욱 늘어난 것으로 보인다. 최근 유행하는 '탈조선' 이야기가 무시할 수 없음을 보여준다.

　귀화 숫자와 비교해 보면 더욱 비관적이다. 한국 국적을 새롭게 취득하는 귀화자 숫자는 과거보다 오히려 줄어든 모습인데, 국적을 버리거나 포기하는 사람들은 늘어나고 있다. 그 절대적인 숫자가 전체인구에 대비해본다면 엄청나게 큰 편은 아니지만, 이 흐름 자체는 좋지 못한 것이 확실하다.

당연히, 국가 간 교류가 활발해질수록 한국인이 한국을 떠나는 경우도 늘어나야 맞긴 하다. 신기한 건, 국가 간 교류가 극단적으로 막힌 코로나 기간 동안에도 한국 국적을 포기하는 사람의 수는 줄어들지 않았다. 반면에 한국에 들어오는 외국인들의 숫자는 확연한 감소를 보였으니, 한국인들의 한국 포기는 분명 무시할 사안이 아니다.

게다가 바로 옆 나라인 일본에서는 한국보다 인구가 2배 이상 많음에도 비슷한 통계에서 훨씬 적은 수의 국적이탈과 상실을 보여주고 있다는 사실을 비추어 보면, 대한민국의 국적통계가 무언가 정상적이지 않을 수 있다는 의문이 자연스레 들게 된다.[79]

일본의 국적통계

	2013	2014	20185	2016	2017	2018	2019	2020	2021	2022
국적 이탈	380	603	518	613	770	962	945	705	805	1,376
국적 상실	767	899	921	1,058	1,171	1,300	1,286	891	1,531	3,385

그렇다면, 우리는 이제 반문해야 한다. '외국인들을 받기 전에 한국인들이 떠나가는 현상부터 막도록 노력해야 하지 않을까?'하고 말이다. 자국민들이 매년 수만 명씩 지속적으로 국적을 포기하고 떠나가는 나라에서 외국인들보고 이 나라가 살기 좋다며 들어오라고 손짓하면

79   帰化許可申請者数等の推移, 法務省, 2023.04.27

외국인들은 순진하게 그 말을 믿고 한국으로 물밀 듯이 들어올까? 과연 한국의 외국인 이민 유치를 위한 설득이 효과적일 수가 있을까?

더군다나 이민이라든가, 외국인 노동자를 받겠다는 나라가 한둘이 아니다. 한국과 비슷한 처지에 놓인 옆 나라 일본만 하더라도 외국인 노동자와 이민을 열심히 받기 위해 노력한다는 소식이 들려오고 있다. 이미 상당한 노력이 투입된 결과인지, 이미 일본은 숫자로 증명해 내고 있다. 일본 출입국재류관리청(일본 이민청)의 재류 외국인 수에서 노력의 결과를 확인할 수 있다. 참고로 이 지표는 중장기 체류 외국인들만을 한정하기에 한국의 '상주 외국인' 통계와 유사하다고 할 수 있겠다. 먼저 코로나 전인 2019년의 수치부터 보여드리겠다.[80]

> **(번역) 2019년 말 기준**
>
> 재류 외국인의 수가 전년 대비 **20만 2,044명**이 증가하여 **293만 3,137명**

2019년 말의 재류 외국인의 수가 전년 대비 20만 명이 넘게 증가해 293만 명이라 한다. 코로나 사태 이전에 이미 한국보다 한참 더 많은 외국인들이 일본에 사실상 정주해서 살고 있었다는 의미이고, 2018년에 비해서 20만 명이 넘게 증가했다는 사실을 미루어 보아, 빠르고 가

80　国籍・地域別　在留資格(在留目的)別　在留外国人, 2019年12月末, 出入国在留管理庁

파르게 외국인이 증가하고 있었음을 추론해 볼 수 있다.

그렇다면, 일본은 현재에 이 수준을 회복했을까? 한국의 경우에는 2022년 말 기준으로 코로나 이전의 수치를 회복하지 못했음을 보았다. 일본도 마침 2022년 말을 기준으로 하는 숫자가 공표되어 있으니 확인해 보자.[81]

(번역) 2022년 말 기준

재류 외국인의 수가 전년 대비 **31만 4,578명**이 증가하여 **307만 5,213명**

2022년 말 기준으로 307만 명에 이르고, 이는 전년 대비해서 무려 31만 명이나 증가한 수치라고 한다. 여기서 그치지 않는다. 2023년 상반기의 수치도 나와 있다.[82]

(번역) 2023년 말 기준

재류 외국인의 수가 전년 대비 **14만 8,645명**이 증가하여 **322만 3,858명**

81 国籍・地域別 在留資格(在留目的)別 在留外国人, 2022年12月末, 出入国在留管理庁
82 国籍・地域別 在留資格(在留目的)別 在留外国人, 2023年06月末, 出入国在留管理庁

2023년 상반기에만 약 15만 명이 새로이 추가됐다. 1년에 30만 명씩 재류 외국인이 증가하는 추세가 이어지고 있다는 의미이다. 한국과 대조적으로 가파르게 늘어나는 추세가 계속해서 이어지고 있다. 한국과 비슷한 처지의 바로 옆 나라인 일본에서는 외국인들이 끊임없이 유입되는 중이란 의미이다.

일본뿐만이 아니다. 영국은 브렉시트 이후 오히려 이민자가 많아졌다는 뉴스도 들려오고, 호주도 코로나 이후 외국인들의 유입이 급증 중이라는 뉴스도 들려온다. 우크라이나에서 발생한 전쟁으로 독일 등 유럽국가들로 난민과 이민이 계속해서 이어지고 있다는 얘기도 빼놓을 수가 없다. 한국이 외국인 이민자를 유치하고자 한다면 이민대국인 미국과 캐나다 또한 경쟁대상이 된다.

결국 한국에서 외국인을 늘리겠다는 논의와 포부가 이제야 시작되었지만, 아직까지는 어려움이 많고, 이민을 마찬가지로 유치하고자 노력하는 경쟁국들이 많기에 현재, 결과로 이어지지 않고 있음을 인지해야 한다.

어쩌면 외국인에게 한국이 그다지 매력적이지 않은 나라일 수도 있다는 생각도 해봐야 한다. 현실은 어렵다. 우리가 외국인을 받는다고 문을 열자마자 외국인들이 감사하다고 몰려드는 상황은 쉽게 펼쳐지지 않는다. 우리의 의지가 충만하고 모두가 이민자 유입의 필요성에 공감하고 찬성하더라도 현실은 어렵다는 이야기다.

그리고, 외국인 이민 논의에 선행해서 가장 필요했던 질문이 빠져 있었음을 이제는 우리 모두가 눈치채야 한다.

'자국민이 매해 수만 명씩 나라를 떠나가고 포기하는 이 나라에 대체 누가 온다는 말인가?'하는 질문 말이다.

미래에는 이민 유입이 왕성할 수도 있다. 한국이 외국인들에게 더욱 매력적인 나라가 된다거나, 국가에서 난민을 폭넓게 인정해 줘서 전쟁 등으로 어려운 상황에 내몰린 외국인들을 대거 수용하게 되는 상황이 올 수도 있다. 하지만 현재까지는 어렵다. 현재 시점에서 보기에는 자국민들이 매년 수만 명씩 국적을 포기하는 나라에 들어올 외국인들은 그리 많지 않은 것으로 보인다.

3 기적은 없다

» 비이성적 낙관

　설마 그럴 리가, 한국보다 못사는 나라에 사는 외국인들이 감히 한국에 들어오지 않으려고 할 리가, 설마 정말로 경제성이 증명되지도 않은 사업들을 무리해서 추진할 리가, 인구가 급감하는 와중에 경제성을 따져보지도 않고 수십조짜리 사업을 추진할 리가, 지자체에서 문서를 위조해 국제대회를 유치할 리가. 설마 그럴 리가 없다.

　우리가 알아온 대한민국은 그렇게 허술한 국가가 아니고, 우리보다 못사는 나라의 외국인들이 다른 국가하고 감히 한국을 저울질, 비교질할 만한 나라가 아니다. 그러게나 말이다. 설마 그럴 리가…

　설마 대한민국이 인구가 한 세대도 지나기 전에 천만 단위로 감소하고, 설마 대한민국이 임기도 안 정해진 대통령을 뽑고, 설마 대한민국이 코로나로 인한 희생자가 일본보다 많고, 설마 대한민국의 건강보험과 국민연금이 무너지기 일보 직전이고, 설마 대한민국의 경제규모가 지난 30여 년간 다른 나라에 비해 제자리걸음을 해왔고, 설마 대한민국의 튼실한 공기업들이 부실 위기에 처하고…

'설마 그럴 리가 없다. 그럴 리도 없고 그래서도 안 된다.' 그렇게 우리는 진실을 신기루 속에 꽁꽁 숨겨오며 살아왔다.

얼마 전까지만 하더라도 대한민국이 괜찮은 나라라고 믿어온 분들이 많다. 앞으로도 큰 문제가 없을 줄 알았던 분들도 많다. 아니, 위기나 문제가 있더라도 이겨내고 앞으로 나갈 듯 보였다. 당장 전 세계적 위기였던 코로나19가 우리보다 대단하다고 믿어왔던 선진국들을 들쑤실 때에도 대한민국만은 괜찮게 보였고, 대한민국을 전 세계가 배우려고 한다며 모범국가인 양 우리는 우리의 나라를 자랑스럽게 선전하고 자부해 보기도 했었다.

또 한국이 드디어 '선진국'이 되었음은 물론이고 그 선진국 중에서도 잘나가는 나라라고 인정받았다며, 마땅히 대한민국이 G7에 이어 G8으로서 세계 8대 선진대국으로 인정받아야 옳다는 목소리도 커졌었다. 이러니, 아직까지도 대한민국의 앞날에 어두움이 이토록 짙다는 얘기에 공감을 못 하시는 분들도 분명 있으실 것이다.

게다가 최근에는 오마카세로 대표되는 파인다이닝 열풍이라든가 골프 열풍 등의 사치 소비도 급증했었고, 대한민국이 1인당 명품소비액이 미국보다 높아지며 인구 대비 벤츠 S클래스 판매량이 제일 높은 나라에 오르기도 했다. 망하는 나라에서 보기는 힘들 것 같은 사회적 현상들이 이 책을 쓰는 시점의 1~2년 전부터 쉽게 보였었다는 이야기이다.

하지만, 우리가 신기루에 사로잡혀 진정한 문제들을 외면하던 와중에 대한민국은 천천히, 확실하게 망가져 가고 있었다. 아니 어쩌면 역사를 조금 더 길게 돌이켜 보면 사치 소비의 비이성적 증가마저도 망국의 조짐이라는 생각마저 든다. 내 생각을 떠나서, 앞서 보여드린 9장에 걸친 문제들을 제외하고도 대한민국의 문제점들은 아무리 열거해도 또 열거할 수 있을 정도로 너무나도 많다.

내 책에서 비교적 언급이 적었던 사회문제와 관련된 통계들을 보자면, OECD 1위의 자살률, 마찬가지로 1위인 노인빈곤율, 기업규모에 따른 임금의 격차, 고용형태별 임금의 격차, 압도적인 사교육비 지출(그렇다고 공교육비 지출이 적지도 않다), 전 세계에서 갈등이 가장 많은 나라, 늘어나는 마약 문제, 낮아지는 범죄 검거율, 늘어가는 범죄 피해율(폭력범죄피해가 특히 급증), 코로나 이후 급증 중인 학교폭력 피해율, 증가 중인 산업재해 사망률, 늘어나는 비정규직으로 인한 격차확대 등 끝도 없다.

거기에 우리 경제에 경고신호를 보내고 있는 사건이나 통계도 아직 많이 남아 있다. 가장 대표적인 부동산 PF에서 촉발될 위험이 있는 금융 안정성 문제에서부터 시작해서, 고금리 장기화에 따른 연체율 증가 문제, 삼성전자와 하이닉스로 대표되는 한국 대표기업들의 수익 급감 문제, 자산시장과 실물경기 악화에 따른 세수 감소 문제, 한국과 미국 간 금리 차로 인해 발생하는 외환 문제, 급증하는 대외채무(대한민국이 외국에 지는 채무, 2022년에 이미 IMF 위기 당시 수준으로 올라왔다)**문제, 정체되기 시작한 1인당 국민총소득**(2020년과 2022년에는 감소하기도 했다) 등, 우리 앞에 놓인 과제가 너무나도 많다. 듣기만 해도 벅차고, 나와는 관계없는 일이었으면 좋겠다는 생각이 들기까지 한다.

하지만 이게 우리가 지금 살고 있는 나라의 현주소이다. 대한민국에서 계속 살 의향이 있는 독자분들, 대한민국 국민들, 대한민국에 오고자 하는 외국인들 등. 이 만약 이 나라에서 계속해서 살고자 하고 이 나라에서 미래를 그리고자 하는 생각을 조금이라도 하고 있다면 이 문제들은 덮어놓고 무시할 문제들이 아니다. 생존을 위해서 해소하고 해결해 나가야만 하는 문제들이 된다.

» 인식의 중요성

그 첫걸음은 인식이 될 것이다. 언급한 수많은 대한민국의 문제점들에 대해서 하나둘 정도는 알고 계신 분들이 분명 있으리라 생각된다. 특히 출산율 문제는 최근에 언론에서도 많이 다루는 소재이기에 접하기 쉬운 문제이다.

하지만, 다른 문제들은 어떠한가? 분명 대다수의 독자분들께서 적어도 하나 이상의 문제는 처음 들어보시거나 생소한 문제였으리라 짐작된다. 모든 문제 해결의 기초이자 시작은 문제의 인식이다. 나는 이 문제들에 대해서 해결책이라든가 어떤 정책적인 방향성을 제시할 생각이 없음을 책의 처음 부분에서부터 밝혀둔 바가 있다.

물론 앞서 말한 것과 같이, 내 실력이 그런 주제넘는 이야기를 할 수 준이 되지도 않지만, 해결책 등을 제시하지 않은 가장 큰 이유는 문제 해결의 시작이 최대한 많은 대한민국 사람들의 문제 인식이라고 봤기 때문이다. 다른 말로 하자면, 문제의 인식부터가 지금 부족한 상황이 라고 봤기 때문이기도 하다.

여러 문제점 중 달랑 하나만을 인식해서는 부족하다. 소수만을 인식 해도 부족하다. 물론 개별 문제들도 하나하나 중요하기에, 이 문제들 을 얕게만 알아도 좋다는 이야기가 아니다. 그럼에도 이 하나나 소수 의 문제만을 알면 안 된다고 얘기하는 이유는, 내가 언급한 수많은 문 제들이 단순하게 개별적으로, 단독으로 존재하는 문제가 아니라는 사 실을 짚어주고 싶어서이다.

예를 들면, 출산율의 저하는 어떤 다른 문제의 원인이 되기도 하지 만, 동시에 어떤 문제들에 의한 결과이기도 하다. 즉, 내가 언급한 문 제들은 물론이고, 대한민국이 앓고 있는 질병과도 같은 다양한 사회 적, 경제적 문제들은 서로 따로따로 떨어져서 개별적으로 발생하는 것 들이 아니라, 유기적으로 연결되어 발생 중인 문제들이라는 얘기이다.

그러니 문제를 최대한 많이 인식해야 한다. 또 어떤 문제가 있는지, 또 어디서 문제가 발생할 수 있는지, 또 어떤 연계된 문제의 발생이 예 상되는지를 가능한 많은 수를 알아둬야 한다. 그래야지 제대로 된 대 비와 대응이 나올 수가 있다고 생각된다.

그렇지 않은 경우를 상상해 보면 바로 내가 왜 이런 말을 하는지 쉽게 이해하실 수 있다.

출산율로 얘기해 보자면, 만약 단순히 출산율 하나만을 문제로 보면 단순한 해결책만이 나오길 마련이다. '출산하면 돈을 준다.', '결혼하면 돈을 준다.', '낳을 때마다 더 준다.'와 같은 단순한 발상으로 출산율 문제를 해결할 수 있다고 생각하는 사람이 비교적 적은 이유는, 출산율 문제가 단순히 '일시적인 돈'의 문제로 치부하기에는 조금 더 복잡하고 복합적인 문제이기 때문이다.

또 아무리 출산율 저하가 문제라고 하더라도 인권을 무시하고 출산을 강제하는 방식을 우리가 주장하지 않는 이유는, 그것이 출산율 문제는 해결할 수 있겠지만, 다른 여러 가지 문제를 불러일으킬 것이 불보듯 뻔하기 때문이다. 루마니아의 한 독재자가 보여주었듯이 말이다.

결국 어떤 하나의 문제에 대해서 그 문제만을 단독으로, 개별적으로 바라보아서는 제대로 된 해결책과 정책을 내는 일은 매우 어려운 일이라는 얘기다. 오히려 그런 식이라면 문제를 해결하기는커녕 다른 새로운 문제를 만들어 낼 가능성이 크다.

헌데, 이를 반대로 본다면, 일단 문제가 복합적인 것을 인정하고 다방면으로 얽혀 있는 문제들을 하나하나 풀어나갈 수 있는 해결방식이 제공되면 연쇄적으로 문제들이 해결될 가능성도 내포한다는 점에서 마냥 어렵고 비관적인 얘기만은 아니다.

출산율을 제외한 다른 수많은 문제들도 마찬가지이다. 세상 모든 문제들은 보통 단순하지 않고, 또 여러 다른 문제들과 서로 연결되어 있다. 만약 대한민국이 직면하고 있는 다양하고도 많은 이 문제들을 너무 적게 인식하고 있거나, 혹은 제대로 인식하지 못하게 된다면, 그 해결책으로 나오는 대책과 정책 또한 당연히 문제를 해결하기에는 너무나도 단순하거나, 다른 문제를 유발할 가능성이 커질 것이다. 그렇기에 최대한 다양한 문제들 인식하고 제대로 된, 정확한 해결방식에 대한 논의가 이뤄졌으면 하는 바람이다.

» **최후의 절규**

내 책의 사실 열거가 여러분들의 마음을 얼마나 움직였는지는 모르겠다. 어쩌면 아직도 대한민국은 이 문제들을 무시하고 거뜬히 이 위기를 별 탈 없이 이겨내리라 생각하시는 분들도 있을 것이다. 혹은 대한민국이 그런 비관적인 나라일 리가 없다며, 긍정적인 지표를 소개하지 않고 부정적인 면만을 열심히 열거한 저자를 나무라는 분들도 있을 것이다. 최악으로는, 나라를 망하길 기원하는 불순분자라는 생각을 하시는 분들까지도 있으리라 생각된다.

대다수의 비판을 수용할 마음이 있지만, 하나 마음에 걸리는 것은 내가 의도적으로 대한민국의 현실을 실제보다 더 부정적으로 왜곡해서 나라가 망하길 기원한다고 생각하는 분들이 있으리란 점이다. 그것만큼은 사실이 아니라고 확실하게 말씀드리고 싶다.

조금만 생각해 본다면, 쉽게 이해하실 수 있다. 나라를 망하길 기원한다면, 최대한 이 땅에서 살아가는 사람들이 문제점들을 무시하고 살아가길 바랄 것이다. 당연히 책을 쓰면서 굳이 수고를 들이지 않을 것이고, 책을 쓴다고 하면 오히려 한국이 너무나도 잘하고 있고, 앞으로 아무 문제도 없이 더 발전할 일만 남았다는 얘기를 담을 것이다.

또, 현실보다 더 부정적으로 대한민국의 실제를 왜곡시켰다는 얘기도 하실 수 있겠으나, 현실을 최대한 담아내기 위해서 책을 집필하는 시점에서 가장 최근의 정보와 숫자들을 활용하려고 노력했음을 분명히 밝히는 바이다. 물론, 그 이후에 새로운 통계 등이 나와서 상황이 반전되면 나도 당연히 견해를 바꿀 것이다.

일찍이 케인즈라는 경제학자가 말했다. '사실이 바뀌면 생각도 바뀌는 법'이 당연하다. 이후의 통계 등이 내가 집필하던 시점의 통계보다 더 좋아진다면 당연히 내 생각도 바뀔 수 있겠다. 나는 내가 접근 가능한 정보 내에서 한국에 대해 찾아보고 한국이란 나라가 좋지 못한 미래를 맞이하리라는 판단이 섰기에 현재까지 알려진 중요한 사실들을 내 나름대로 추려 담아낸 것에 불과하다. 그렇기에, 대부분의 숫자에 관한 출처도 공신력 있는 국제기구 혹은 정부기관을 위주로 사용하고자 노력했다.

마지막으로 다시 한번 말씀드리자면, 이 책은 대한민국의 미래가 지나치게 어두워 보이기에, 최대한 많은 분들이 최소한의 문제 인식이라도 갖기를 바라는 마음에서 집필한 책이다. 그 점을 꼭 생각해 주시길 부탁드리겠다.

한 청년이 나라를 걱정하고, 이 나라 청년들의 삶을 걱정하는 마음에서 나온 '최후의 절규'를 여기서 마친다.

대한민국 멸망 보고서

초판 1쇄 발행 2024. 3. 28.

지은이 노현우
펴낸이 김병호
펴낸곳 주식회사 바른북스

편집진행 황금주
디자인 한채린

등록 2019년 4월 3일 제2019-000040호
주소 서울시 성동구 연무장5길 9-16, 301호 (성수동2가, 블루스톤타워)
대표전화 070-7857-9719 | **경영지원** 02-3409-9719 | **팩스** 070-7610-9820

•바른북스는 여러분의 다양한 아이디어와 원고 투고를 설레는 마음으로 기다리고 있습니다.

이메일 barunbooks21@naver.com | **원고투고** barunbooks21@naver.com
홈페이지 www.barunbooks.com | **공식 블로그** blog.naver.com/barunbooks7
공식 포스트 post.naver.com/barunbooks7 | **페이스북** facebook.com/barunbooks7

ⓒ 노현우, 2024
ISBN 979-11-93879-46-7 03330